红色记忆® 17

威震冀中平原的齐会歼灭战

海南省文化交流促进会　编

南海出版公司

2012・海口

图书在版编目（CIP）数据

红色记忆·第1辑·17 / 海南省文化交流促进会编 .
— 海口：南海出版公司，2012.8（2025.1 重印）
ISBN 978-7-5442-6106-7

Ⅰ.①红… Ⅱ.①海… Ⅲ.①革命传统教育－中国－青年读物②革命传统教育－中国－少年读物 Ⅳ.① D642-49

中国版本图书馆 CIP 数据核字（2012）第 196590 号

HONGSE JIYI · DI 1 JI · 17

红色记忆·第 1 辑·17

作　　者	海南省文化交流促进会
总 策 划	刘　栋
顾　　问	贾延岩
执行总编	任在齐　张　桐　张爱国
责任编辑	聂　敏
封面设计	郑广明
排版印务	何怡欣
发行总监	杨成春
出版发行	南海出版公司　电话：（0898）66568508　66568511
社　　址	海南省海口市海秀中路 51 号星华大厦五楼　邮编：570206
电子信箱	nhpublishing@163.com
经　　销	新华书店
印　　刷	天津睿意佳彩印刷有限公司
开　　本	787 毫米 ×1092 毫米　1/16
印　　张	6.25
字　　数	100 千字
版　　次	2012 年 8 月第 1 版　2025 年 1 月第 2 次印刷
书　　号	ISBN 978-7-5442-6106-7
定　　价	39.80 元

对历史无知的人，没有真正的信仰可言；没有信仰的人，不可能拥有美好的理想，不可能胸怀崇高的情感，也就不可能担负起任何责任。用欲望文化代替历史教育，足以使一个国家的青年被腐蚀、使一个民族的希望被毁掉，使这个国家和民族被永世万代地奴役！

鉴于此，我们呼唤历史，唤回那段属于二十世纪的“红色”历史，唤回那段炮火硝烟、颠沛流离的历史，唤回那冲天的狼烟留下的悲壮回忆、岁月年轮沉淀的斑驳痕迹。历史不应该被忽略，更不应该被遗忘，牢记那段革命战争年代的红色历史更是责任。为了那些不应该被忘却的记忆，为了那些不应该被丢弃的信念，于是就有了这套《红色记忆》丛书。

曾记否，当草鞋与意志丈量出来的两万五千里穿越一个伟大民族五千年的荣辱兴衰，革命的火种被一路播撒、一路点燃。人迹罕至的雪山、荒无人烟的草地被鲜血浸透，衬映出一段光辉的里程；万水千山早已被远远地抛在身后，一轮红日在黄土高原磅礴而起。满目疮痍的河山在1936年10月温暖如春……

曾记否，当生命和鲜血浸染的十几年光阴将一种记忆铭刻进一个伟大民族的历史画卷，革命的火焰从星火到燎原。这栏杆拍遍、易水悲歌般的呼号，这折戟沉沙、慷慨赴义的悲壮，这铁马冰河、枕戈待旦的苦战，这红旗漫卷、所向披靡的豪迈……腔腔热血、铮铮铁骨早已被熔铸成一座不朽的丰碑，中华民族从苦难中百死后生的壮丽诗史凝结成了五星闪耀的红色记忆。

曾记否，中华人民共和国成立以来，又有无数英烈接过前辈用鲜血染红的旗帜，或壮怀激烈戍边卫国，或忠于职守鞠躬尽瘁，或绝甘分少奉献大爱，甘做国家强盛、人民富裕的铺路石，成为和平年代民族复兴的荣光，把人民心中的红色记忆浸染得分外鲜艳，永不褪色。

这红色记忆，是信念不衰、志向不改的崇高气节；这红色记忆，是无私无我、生属苍生的博大胸怀；这红色记忆，是敢为人先、披荆斩棘的拓荒精神；这红色记忆，是中华民族最宝贵的精神财富。它告诫我们，人事有代谢，传承无绝期。缅怀先烈精神，继承先烈遗志，是社会的道德和民族的良心，是后来者须臾不可忘怀的本分。

老一代人把历史的真实交付给我们，我们有责任用真实还原历史，传承给下一代，把那段岁月与现在年轻人的生活连接到一起，使他们眼中的历史变得立体、真实、可靠，让历史成为他们前进的动力。本丛书将那些流动的、随时会飘散在时间天际的事件凝固下来，希望透过这些文字、图片，感受到英雄们那坚定的革命信念，感受到那个年代澎湃的革命激情，真切体会那段“红色历史”。

忘记历史，就意味着背叛。让我们重温历史，缅怀先烈，从中汲取力量，毅然前行。

刘栋

目录

CONTENT

标题	作者	页码
骁勇善战　光明磊落	文 / 向守志	1
雪夜里，那个断后的军长	文 / 辛运佳	4
李坚真小传	文 / 江　山	10
习仲勋断官司	文 / 田润民	16
踏着歌声走向胜利	口述 / 杨启轩　整理 / 侯永峰	20
琼崖纵队老战士回忆战争岁月	口述 / 王执儒　整理 / 黎　光	25
我跟着哥哥当上交通员	口述 / 龙光大　整理 / 邱佩君	27
我的母亲蹇先任	文 / 贺捷生	31
记父亲赵光炬	文 / 赵庆雅	38
永不消逝的电波 ——忆李白同志	口述 / 申　毅　整理 / 贾晓明	48
抗联虎将史忠恒	文 / 张　慧	55
红色商人邱秉衡	文 / 陈　耿	60
忆白晋战役中的南关战斗	文 / 郑国仲	64
威震冀中平原的齐会歼灭战	文 / 黄新廷	73
吕梁三捷	文 / 杨　勇	87

骁勇善战　光明磊落

文 / 向守志

向守志

向守志，1917 年出生于四川宣汉，祖籍湖北麻城，1951 年参加抗美援朝，任中国人民志愿军第四十四师师长。第十二届中央委员。1987 年被选为中共中央顾问委员会委员。1955 年被授予少将军衔。1988 年被授予上将军衔。

陈再道同志是我党我军赫赫有名的开国上将，也是我极为敬重的一位老首长。

早在 1934 年，我刚参加红军时，就听说陈再道同志是参加过黄麻起义的老战士，是我们红四方面军一名了不起的虎将。当时，他身为师长，每战必身先士卒、冲锋陷阵，以至徐向前总指挥下达作战命令时，常常特意补充一句："不准陈再道打冲锋！"他的传奇经历和战斗故事在部队广为传颂，在我的脑海里打下了深刻烙印，对我日后带兵打仗，产生了极大的影响。

抗日战争和解放战争时期，陈再道同志历任八路军三八六旅副旅长、东进纵队和冀南军区司令员、晋冀鲁豫野战军第二纵队司令员等职，我先后在三八六旅七七一团、太行军区独立第二旅工作，多次率部参加他直接指挥的战役、战斗，驱日军、歼敌顽，挺进中原、千里跃进大别山、决战淮海，打了一个又一个胜仗。

1954 年，我们十五军从朝鲜战场回国，隶属陈再道同志任司令员的武汉军区。这样，我又在老首长的直接领导下工作了六年之久，得到他的高度信任和器重。1960 年秋，我调任西安炮兵技术学院院长以后，我们一直保持着联系，

黄麻起义纪念馆远景

1938年，陈再道（左）、宋任穷（中）与李聚奎（右）合影

骁勇上将陈再道

1977年9月至1983年1月，陈再道（左一）任铁道兵司令员

彼此间的感情与日俱增。老首长虽然离开我们多年了，但他那浑身是胆、骁勇善战的虎将风采，智勇兼备、灵活用兵的指挥艺术，光明磊落、刚正不阿的人格魅力，每每引起我无尽的思念，永远铭记在我的心里。

陈再道同志征战一生，处处表现出为革命事业赴汤蹈火、勇挑重担的大无畏精神。陈再道同志一向以善打硬仗、恶战而著称。红军时期，他多次率部担任先锋或垫后任务，常常在战局最危急的时刻发挥决定性作用。

我印象最深的是 1934 年 7 月，在反四川军阀刘湘“六路围攻”时，他指挥红十一师坚守玄祖殿一线阵地二十多天，顽强顶住了国民党军猛烈炮火支援下的反复冲击，创造了在整个战役防守阶段未丢失一寸阵地的惊人战绩，为粉碎敌人“六路围攻”立了大功。

抗日战争时期，陈再道同志奉命率领一支只有五个连共五百人的小部队挺进敌后。他出生入死，搏击沙场，积极打击日伪顽军，整整五年“不知脱衣睡觉是何滋味”，成功创建了我党我军在华北平原的重要战略支点——冀南根据地，为抗日战争胜利作出了不可磨灭的贡献。在解放战争中，陈再道同志率领的二纵作为刘邓大军的精锐主力，驰骋中原，屡建殊勋，创造了许多模范战例，多次受到中央军委和刘邓首长的通令嘉奖。后来，我曾多次组织部队学习这些战例，提高官兵尤其是各级指挥员的军事素质和技术、战术水平。陈毅元帅曾对“再道之勇”赞不绝口，毛主席也多次表扬他“是一员战将”“打仗很勇敢”“真不简单”，这是对陈再道同志最恰当、最生动的评价。

陈再道同志戎马一生，善于驾驭复杂局势，具有多谋善断、迅速打开工作局面的高超指挥才能。抗日战争初期，在冀南地区日、伪、顽、匪和各种游杂武装、封建会道门势力犬牙交错的复杂形势下，陈再道同志创造性地执行党的抗日民族统一战线政策，广泛发动群众，建立抗日民主政权，巧妙地同各种势力斗智斗勇，仅用几个月时间，部队就由五百人壮大到两万多人，最终打出了一个幅员辽阔、兵强马壮的大根据地。

中华人民共和国成立前夕，陈再道同志担任河南省军区司令员，坐镇开封，指挥剿匪。他向朱德同志立下军令状：“请总司令放心，不把河南土匪剿灭干净，你就砍我陈再道的脑壳！”在他的统一指挥下，军区部队掀起了群众性的剿匪反霸运动，很快取得了剿匪斗争的伟大胜利，彻底肃清了为害多年的河南匪患，一举巩固和安定了中原广大腹地。

1977 年 9 月，已经六十八岁高龄的陈再道同志重返一线，担任铁道兵司令员。上任后，他仍然保持着战争年代的工作热情，大刀阔斧地肃清林彪、“四人帮”对铁道兵的干扰破坏，坚决贯彻党的十一届三中全会的路线，迅速把工作重点转移到以施工生产为中心的现代化建设上来，从而使部队各项工作出现了良好局面。

百年诞辰，不朽丰碑。陈再道同志的英名和卓著功勋，已永远熔铸进中华民族伟大复兴的光辉史册。他留下的宝贵精神财富，必将激励我们永远继承和发扬我军听党指挥、服务人民、英勇善战的优良传统，把国防和军队建设事业继续推向前进！

（本文选自《解放军报》）

雪夜里，那个断后的军长

文 / 辛运佳

东北抗日联军第七军军长陈荣久

蜿蜒起伏的完达山山脉，依旧树林茂密，百花争艳，到处散发着生命的气息。然而这里曾经发生过一场惨烈的战斗，中国共产党领导的东北抗日联军第七军首任军长陈荣久就牺牲在这里。虽然已时隔多年，但仿佛还能听到阵阵喊杀声，还能闻到战场上硝烟弥漫的气息，还能感受到英雄为拯救民族危亡而舍生取义的爱国情怀。

陈荣久，黑龙江宁安（今宁安市）东京城人，1904 年生于一个贫苦的农民家庭，由于家境贫寒，只读过两三年书。1927 年，为了生活，他曾到张学良的东北军当兵，后退役回到了家乡。1931 年，九一八事变前夕，他再次到东北军当兵，被编入第二十一旅骑兵营七连。

1931 年 9 月 18 日，日本帝国主义悍然发动了蓄谋已久的侵华战争。由于国民党政府采取不抵抗政策，使日本侵略者长驱直入，迅速占领了东北大部分地区，无数百姓惨遭屠杀和蹂躏。当时在东北军当兵的陈荣久目睹日军的种种暴行，悲愤交加。1932 年，他所在连的连长惧于日本侵略者的武力，想率队向日军投降。陈荣久见此情况坚决反对，他鼓励士兵振作精神，不要投降，要同日军血战到底，为死难的同胞报仇。他的爱国热情感动了大家，得到了士兵们的支持。他带领主张抗日的士兵一起缴了连长的枪，并举旗抗日。这个消息很

快传到了他的家乡，附近的老百姓纷纷去找陈荣久，要求参加他的抗日队伍。

同年，救国军司令吴义成得知陈荣久的队伍作战勇敢，不畏强敌，便派人送信，想收编他的队伍。为了抗日救国，陈荣久同意了吴义成的要求。加入救国军后，陈荣久的队伍被编为新编第五连，陈荣久任连长。陈荣久率领的部队，以抗日救国为宗旨，深得民心，队伍发展很快。在他的带领下，士兵们同仇敌忾、士气高昂，先后在穆棱、海林、宁安等地多次与日伪军交战，接连获胜。

陈荣久主张团结一致共同抗日。当时，救国军、自卫军等都不是由共产党直接领导的抗日武装，大部分都有占山为王、扩充自己实力的念头。为了争夺地盘，救国军和自卫军之间的摩擦时有发生，甚至发生火并。一次，救国军副司令孔宪荣命令陈荣久协助刘万奎去梨树镇缴马宪章旅的械，陈荣久断然拒绝，他说："国难当头，我们应该一致对外，要以团结抗日为重，如果这个时候我们还自相残杀，就等于是给敌人各个击破的机会！"由此，陈荣久得到了士兵们的钦佩和支持，在部队中的威望越来越高。

1932 年末，救国军、自卫军和护路军六万多人在吉东地区十余县抗击日军，但相互之间缺乏联系，各自为战，在敌人的军事进攻和政治诱降面前被各个击破，逐渐瓦解。四万多人退入苏联境内，少数投降敌人，两万余人流散在各地。

在这危急关头，是坚持抗日还是投降、逃跑，对每个抗日志士来说都是一个严峻的考验，陈荣久也面临着这一艰难的抉择。当时，救国军的刘万奎要和他一起退入苏联，还有的劝他"归降"，这些"诱惑""规劝"都被陈荣久拒绝和痛斥，他在部队中向士兵们说："我们绝不投降，绝不过界，就算是只剩下一个人，也要坚持抗日到底！"他铿锵有力的言辞，表达了他抗日救国的决心和宁死不屈的精神。此时，陈荣久心急如焚，他亟待寻找到一支坚持抗日的队伍。他得知李延禄带领的抗日救国游击军是真正的抗日武装，于是在 1933 年 2 月，率队来到宁安，参加了由中国共产党领导的抗日救国游击军。

加入抗日救国游击军后，陈荣久主动接受党的领导，并且在不久后就担任了游击军军部副官。游击军在李延禄的领导下，在宁安一带与敌人展开了英勇斗争，陈荣久参加并指挥了二道河子、东京城、马莲河等战斗。

1933 年 5 月，中共满洲省委和吉东局为了扩大抗日武装，开辟新的游击区，决定将抗日救国游击军调赴密山地区活动。陈荣久随部队先到黄泥河子，同在这里活动的杨太和率领的一团会合后，一同踏上了北上密山的征程。到达密山地区后，他协助李延禄，加强了对反日山林队的整训和改编工作，与散落在密山地区的原救国军、护路军的小股部队以及反日山林队联络，向他们宣传：只有团结一致、共同抗敌才能打败日本侵略者。通过不懈的努力，这些队伍表示愿意接受领导，共同抗击日军。救国游击军军部在郝家屯召开了反日山林队首领联席会议，订立了联合作战协定，促进了山林队之间的联系与合作，扩大了抗日武装。在同日军战斗时，陈荣久总是高喊着"同志们，冲啊！为死难的同胞报仇"的口号冲锋在前，战士们都说"听到他的喊声，就浑身是劲"！通过不断的对敌斗争，他成为一名驰骋疆场、英勇善战的抗日勇士，被誉为“魁梧将军”。

在党的培养教育下，陈荣久的思想觉悟不断提高，懂得了只有在共产党的领导下，才能团结一切抗日力量，打败日本侵略者，解救人民。

1933年7月，在密山小石河子，陈荣久和二团团长王毓峰等十多名部队骨干，高举拳头，庄严宣誓，加入了中国共产党，成为一名光荣的共产主义战士。陈荣久入党后，对自己的要求更加严格，从不满足于已取得的成绩，在残酷的战斗生活中，不断充实自己，努力学习知识，钻研理论，很快就成为救国游击军的核心领导成员之一。

1933年秋，抗日救国游击军改名为东北人民抗日革命军第四军，军长李延禄，陈荣久仍任军部副官。1934年春，李延禄到上海向党组织汇报工作，以争取全国各界人士支援东北的抗日斗争。临行前把领导和指挥第四军的重任交给陈荣久和杨太和，陈荣久代理政委职务。他和杨太和加强对部队的政治思想教育和整训工作，使部队上下团结，纪律严明，士气高昂，战斗力有了很大提高。他还伺机打击敌人，在密山平阳镇、向阳等地与日伪军多次交战，缴获大量武器弹药，使队伍得到了锻炼。其间，他还积极开展对反日山林队的争取和整编工作，为第四军的发展壮大和游击区的建设作出了巨大贡献。

1934年7月，李延禄回到密山后，为了更好地开展抗日斗争，决定培养一批军事干部，陈荣久被派去苏联莫斯科东方大学学习。他极为感动地说：“党的培养和教育，使我懂得了无产阶级的伟大，像我这样一个大字不识的大老粗，也能出国学习，我感谢党和同志们对我的培养和关怀。”临行前，再次表示：“我能力有限，对革命贡献太少，我一定学好革命理论，提高自己的本领，将来回国后继续为中华民族的解放事业奋斗到底，用实际行动报答党的恩情！”

在苏联学习期间，陈荣久克服语言及生活上的重重困难，用坚忍不拔的学习劲头，刻苦钻研革命理论和军事知识，为后来的革命斗争奠定了坚实的基础。

1936年秋，陈荣久学成回国后，立即投入抗日斗争的浪潮。为了更进一步加强我军建设，扩大抗日根据地，上级决定派陈荣久到虎林、饶河一带以抗联四军二师为基础，组建东北抗联第七军。

虎饶地区位于黑龙江北部，西南部为完达山脉，北靠同江、抚远，东隔乌苏里江与苏联相望。域内沟壑纵横，山林茂密。居民大部分为朝鲜族、汉族，多以种植水稻为生。1936年，暴雨肆虐，作物腐烂，百姓苦不堪言，加之日伪政权实施“归屯并户”和“保甲连坐”，老百姓处于水深火热之中，抗联部队也处于极端艰苦的境地。陈荣久毫无畏惧，他在下江特委组织部部长刘总成和交通员于吉东的带领下，绕行苏联，晓行夜宿，翻山涉水，终于在堡马顶子找到了二师。

他到达二师后，于9月召开了师部干部会议，研究了组建抗联第七军的问题。11月，再次召开了干部会议，正式宣布东北抗日联军第七军成立，陈荣久任军长兼一师师长，军参谋长崔石泉，二师师长李学福，三师师长景乐亭，全军七百多人。

抗联七军成立后，发表建军宣言：

陈荣久烈士纪念碑

陈荣久烈士牺牲地标志碑位于黑龙江省饶河县大顶子山北屏岭山旁。1984年建成，系全国重点烈士纪念建筑物保护单位

抗联秘密营地

“在日本侵略者的‘各个击破’‘归大屯’等毒辣政策面前，各抗日部队要团结一致，共同对敌。我们不分民族、性别、籍贯、党派、职业、信仰，不管过去有任何敌对行为、任何旧仇宿怨，只要是不愿意当亡国奴，都要同他们紧密团结，共同为驱逐残暴的日本侵略者，为收复东北失地而努力战斗。”宣言发表后，虎饶一带的反日山林队纷纷归来，全军人数迅速发展到一千多人。

抗联七军的成立，立刻引起了虎饶地区敌人的恐惧，敌人派出特务，混入我军内部，挑拨民族关系，分裂抗联将领之间的团结，离间抗联与山林队的联合，妄图瓦解七军。陈荣久针对部队存在的这些问题，呕心沥血，做了大量细致的工作，果断处决了被战士们揭发出来的混入部队的四名敌伪特务；对不顾民族大义、制造事端、破坏团结的党员干部，给予开除党籍、撤销职务的处分；为消除隔阂、加强团结，多次与七军将领谈话。通过总结经验教训，擦亮了广大指战员的眼睛，纯洁了组织，提高了部队的战斗力，形成了团结抗日、军纪严明的崭新局面。

抗联七军的发展，振奋了虎饶地区人民的抗日热情，打击了日本侵略者的嚣张气焰。1936年冬，敌人调集了数千日伪军对第七军进行“围剿”，放火烧毁虎饶地区70%～80%的房屋，到处疯狂屠杀抗日志士及家属。

面对血雨腥风，陈荣久指挥七军将士，在茫茫的林海荒原里与残暴的敌人展开了艰苦卓绝的战斗。他亲自深入各部队、村屯研究部署歼敌方案，宣传动员劳苦民众，联合抗日的山林队、红枪会，多次出其不意狠狠地打击敌人，取得反“围剿”的初步胜利。

1937年春，陈荣久在堡马顶子主持召开七军领导干部会议。通过分析对敌斗争形势，决定由崔石泉率领部分部队消灭饶河城北西林子日伪特务据点，同时决定召开各路抗日武装首领联席会议，会议地点定在天津班（今迎春小佳河林场南侧），研究联合作战方案。3月4日，西林子战斗打响。由于军部秘书罗英暗中叛变，敌人提前作好了准备，使攻击西林子的部队遭到顽强抵抗。崔石泉发现情况异常，果断下令撤出战斗，向天津班转移，与陈荣久会合。与此同时，日本驻饶河的参事官大穗久雄已经调集两百多日伪军赶往西林子，得知七军已经撤退，立即朝着七军撤退的方向追来。

陈荣久、崔石泉等经仔细分析敌情，认为未打下西林子暴露了自己，敌人会尾随到底，为摆脱敌人，决定先打伏击，再与山林队召开联席会议。

确认敌人逼近的消息后，陈荣久随即率领一百五十多名战士占据有利地形埋伏在山冈上，当敌人全部进入伏击圈后，他一声令下，各种火器居高临下，一起开火，打得日伪军人仰马翻，乱作一团。陈荣久也在战斗中负伤。战斗持续了三个多小时，天渐渐变黑，敌人开始溃散。正当抗联将士们准备发起冲锋时，饶河县伪警察大队长苑福堂带领两百多人突然从背后向伏击阵地扑来，七军将士奋起反击，打退敌人多次进攻。这时，正面指挥官大穗久雄见有援兵到达，再次率领日伪军向山头发起冲锋，被抗联战士一枪击毙，敌人见状又退了下去。此时七军腹背受敌，敌众我寡，有全军覆没的危险，陈荣久立刻指挥转移。这次战斗，我军击毙包括大穗久雄在内的日军三十多人，打伤十多人，伪军死伤多人。陈荣久虽然在战斗一开始就已经负伤，但他仍坚持指挥战斗，在掩护部队转移时，陈荣久再次中弹，壮烈牺牲，时年三十四岁。

他为中华民族解放事业献出了宝贵的生命，他的不朽功勋和英雄业绩将代代流传。

（本文由牡丹江市博物馆和烈士纪念馆管理处供稿）

李坚真小传

文/江　山

位于丰顺坚真广场的李坚真塑像

李坚真，原名李见珍，1906年生，广东丰顺县人。她身高一米七五左右，肩宽背阔，浓眉大眼，鼻梁高耸，再配一张棱角分明的国字脸。着军装时英姿飒爽，着女装时仍然是一派硬派小伙模样。许多见过她的广东干部都竖起大拇指，称她长得威武，女人男相。李坚真也常常自称“我‘蛮’得很”，而邓颖超对她的评价是“你那个时候真‘蛮’啊”！

李坚真有多“蛮”？她曾从汀州到古城骑着匹倔骡子下山，骡子屁股高，结果李坚真被撂了下来，但李坚真执意要征服这匹倔骡子，连续多次骑上去、摔下来、再骑上去、再摔下来，摔得浑身是泥，鼻青脸肿，直到骡子彻底服从了为止。倔骡子服了，又来了匹倔马。有一天，李坚真骑着马从省委到县委去，结果被马给摔了下来，然后马掉头跑回了省委。李坚真“蛮”劲上来了，不回省委去驯倔马，而是干脆一溜烟走到了县委。

李坚真的父亲李目是个泥水匠，母亲王好连着生了十二个孩子，结果因为家贫，卖掉八个，夭折两个，只剩一个哥哥和一个弟弟。李坚真刚出生八个月，王好背着她挑水，赶上放排人朱耀凡闲扯：“真好命？担水还兼背小孩。”

“是妹子，没有用的，养大也是别家媳妇。”

“我看这孩子正有福相，可好送给我？”

“送就送啦，你真要？”

于是李坚真就这样被以八串铜钱的身价卖给了朱耀凡当了童养媳。此举改变了李坚真的一生。她的“丈夫”比她大七岁，是个读过私塾也上过洋学堂的

土城蔡家岩渡口，李坚真在此背伤员过河

进步青年，参加革命比李坚真还早，平日里也会教育李坚真一些进步思想。

1926年5月下旬的一天，广东农民运动领袖彭湃到农村调查研究，路过丰顺住在李坚真家，彭湃对李坚真宣传了革命道理："贫苦农民要过好日子，就得组织起来，同土豪劣绅们斗争。"

从此，李坚真积极参加农会活动，担任农民自卫军常备队团支部书记。为了宣传方便，每次召集群众，李坚真都唱山歌，从此练出了好嗓子。1927年6月，她光荣地加入了中国共产党，全家人都很高兴。

李坚真入党后，先后参加了彭湃领导的海陆丰苏区的斗争，又曾率领赤卫队支援红四军攻打梅县。1929年，李坚真被调到了闽西苏区边缘的饶平、平和、大埔这三个中心县委工作。因为减租减息政策执行得好，加之是苦出身，非常有人缘。1931年，她被调往闽西，先后在汀东和长汀担任县委书记。她时不时地要去长汀的福音医院看望养病中的毛泽东，毛泽东教导她说："心里必须时刻想着群众，向群众负责到底，穷人一天忙到黑，破衣烂衫，吃不饱穿不暖，要向群众宣传谁养活了谁。"

从此，李坚真遵照毛泽东的教导，她总结了"三勤"的经验，也就是腿勤、手勤、嘴勤来接触群众，开展工作。她赤脚走遍了县里的每个角落，在地图上用不同颜色标出富裕与困难的地区，在针对困难地区的时候，就要少征粮，布置生产自救。在乡间，总是见到她与群众唱着山歌，一起上山砍柴、下田插秧、割禾、做饭、喂猪是很平常的事。为了节省开支，她与县委、县政府所有的女同志共用一条毛巾，大家洗脸洗脚都用这条毛巾。也从不用牙刷牙膏，每天早上抓把河沙、拔点油草在牙齿上擦擦就完事。甚至大家的衣服也是互相穿，谁有衣服就穿谁的。姐妹们开着玩笑："你的就是我的，我的就是你的，归根结底都是我们大家的。"

1933年8月的一天，福建省委书记陈潭秋新官上任，脚穿草鞋，头戴蓝色布帽，穿着旧衣裳来视察工作，看到李坚真高大威猛，肩宽背阔，还赤着大脚，穿得比自己还破旧，高兴地竖起大拇指，连连喊好。

在长汀，李坚真经常遇到的重要任务就是为从上海等地经红色交通线从汕头、大埔、永定辗转来到中央苏区的中共领导人接风洗尘，因为接触群众多，李坚真都已经学会了闽西的许多种客家方言，领导们初来闽西，往往要讲话或者调查还要请她做翻译。这样一来，她的工作就要经历无数挑剔的眼睛，做得好不好真正是一目了然。但是对于李坚真，领导们的评价绝对是正面的，李坚真后来担任了福建省委妇女部长，并被送往中央党校学习，学成之后担任了苏区中央局的妇女部长。

上任之后不久，李坚真就遇到了扩红难题，她天天到各个县跑，一村一户地去劝去说，然后不停地唱，为的就是扩大红军主力人数。男人上了前线，江西的妇女买公债，交公粮，还为战士们打了近十七万双草鞋，缝了十万个米袋子，保证了主力红军一人两双鞋，一个袋子。

为了让前线的将士和劳动妇女们减少后顾之忧，她号召各地大办托儿所，仅是瑞金、兴国两地就办了两百多个。但是，这一切努力都无法改变第五次反“围剿”失败的命运，李坚真和红军战士们一起，踏上了长征路。

长征进入贵州，在黎平小城，周恩来将董必武领导的中央党校的部分教职员和学员，从中央机关精简下来的领导同志，分散在各机关的女红军和中央首长、军委首长的夫人，红军师团以上的伤病员共三百多人、十几副担子和几十匹马编成了干部休养连，而李坚真就担任了这支特殊连队的指导员。

她一方面宣传红军的宗旨，一方面给老百姓分盐巴、大米，动员人民当运输队或者参军。别看李坚真自称“蛮女”，其实她很细心，很有谋略。

长征路上最险恶的是土城战役，红军伤亡三千余人，许多伤员因撤退紧迫，无法带走，因此干部休养连的连长侯政和指导员李坚真让刚参加红军的男女学生一起到老乡家安置伤员。李小侠用贵州话给老乡们解释，而李坚真就用客家话向战士们解释。伤员们大喊大叫不肯走，而老乡们也是害怕川军报复，心存顾虑，工作着实不好做。

有一批重要的伤员上级有命令无论如何不能寄养，然而，连长侯政和指导员李坚真却在万般无奈的情况下，将红三军团作战科科长姚喆寄养了。这时老百姓都已经逃进山里去了，侯政只好把昏迷不醒的姚喆连同几十块光洋放在一间空荡荡的民房里，然后匆匆地追赶部队去了。

“姚喆怎么不见了？”董必武一见面就问。

“实在没办法，只好寄养了。”

董必武一听，生气了，严厉地批评他们：“那是军委明令要带的人，你们把他寄养了，出了事谁负责？”

周恩来得知此事后，命令他们立即回去把姚喆找回来。

于是李坚真等人返回找到了姚喆，李坚真和姚喆的警卫员等一起，轮流用担架抬姚喆，结果几十里过去，姚喆的烧退了，伤、肿也消了不少，于是他们兴冲冲地一阵紧赶慢赶，终于跟上了队伍。

离开土城不久，休养连在河边休息，准备等人到齐了之后就渡河。报务员架起电台正在发报，突然国民党军飞机来了，报务员和机要员被炸伤数人。

中央纵队政委李维汉在一个村头的石桥上焦急地等待着休养连，见大家撤出来了，才稍稍松了口气。

“报务员怎么不见了？”他突然叫了起来。

李坚真这才发现电台的报务员不见了，她说：“可能受伤了，没有撤出来。”

李维汉命令道：“你带警卫员回去！把报务员、机要员全部背过来，机要员一个也不能丢！”

事关军事机密，李坚真意识到问题

前排右一为李坚真。右二为赖传珠的夫人孙湘。此照片反映了李坚真柔美、细腻的一面

1937年李坚真（右）和陈慧清在陕北云阳镇

出席新四军第一次党代会的中共中南局部分代表合影，邱一涵（左一）、章蕴（左三）、李坚真（左五）、曾山（左六）

的严重性，便带领警卫员过河，把受伤的报务员、机要员全都背回来了。

当休养连走到猴沟的时候，突然遭遇到敌人，李坚真指挥干部、战士顽强地拖住了敌人，终于等到后续部队上来将敌人打垮。

在部队急行军准备过大渡河的时候，李坚真的饲养员恰在这个时候被敌机炸伤了胸部和双腿，伤势严重，又没有担架抬他，李坚真把他放到背上，咬着牙背他走了好一段路。眼看着本来走在最前面，现在越走越慢的李坚真举步维艰，后续部队的一位首长不禁对她说道："你一位女同志还背着一个重伤员，怎么走呀，赶快放下他追队伍吧！"

"指导员，放下我好不好……"伤员软软地勾住李坚真的脖子，头无力地歪在她宽厚的背上。

这个时候的李坚真心里无比痛苦，当年就是她唱着山歌，走家串户地去扩红，她有一种深深的使命感——是我把他们带到这里来的，是苏区人民交付给我的生命啊！

记得以前晚上宿营的时候，蔡畅喜欢给围坐在自己身边的小鬼们讲故事，讲得最多就是关于苏联的故事。小鬼们没有去过苏联，听到蔡畅讲劳动人民当家作主的苏联多么幸福时，纷纷沉浸在了美好的憧憬中。这时李坚真多么想让每一个从山里走出来的赣江、汀江两岸客家儿女，都能走到底，将来能享受到苏联式的美好生活啊！

不知不觉，李坚真蹒跚地走到一座破庙里，庙旁的人家早已跑空，她解下了干粮袋和盐巴，又把几块银洋放在了他的口袋里，默默地盼望着好心的老乡快点归来，救救这个可怜的伤员。

就在快要踏入草地时，敌机又来大轰炸了一次，把跟着休养连行动的秘密交通员炸伤了。上级决定寄养他，于是李坚真牵着马，把伤员放在了附近的老乡家。费了许多口舌之后，李坚真一出来，发现自己的马以及其他的行李都被土匪抢走了。于是她也和战友阿香一样，成了"穷光蛋"。

看到李坚真穿着破烂的单衣，哆哆嗦嗦地往前走，直属队的王盛荣不禁可怜道："你穿这么薄，要冻死人啦。"

"没办法，都被土匪抢没了。"

"李坚真，我这有好东西，刚收来的和尚衣，用来盖马上的行李的，你要不要？"王盛荣笑着问道。

"当然要啦，在苏区的时候，老乡家有什么样的衣服我就穿什么样的，大姑娘的花衣服也穿，老大娘的衣服一样穿，如果真的只有和尚衣服，那也得穿！"

李坚真不管那些，拿过来就穿在身上。战友阿香一把抓掉她的军帽，李坚真顶着光亮的脑壳，穿着拖地的长袍，双手合十，顿时变成了出家人，逗得大家前仰后合。虽然只有这样一件衣服，可是李坚真没有忘了丢了包袱而没有衣服穿的阿香，她把长袍裁下来的几块布，给阿香做了衣服穿。

虽然有了衣服和被子，可是李坚真自己的鞋子没办法落实。她赤着脚走着，小腿没绑腿，被茅草划出了口子，被污浊有毒的泥水泡过之后，腿脚又痒又烂。后来，她用马皮包着自己的脚，用绳子捆上，可是马皮很滑，她只好拄着个棍子，这样还扭来扭去站不稳。不明就里的人觉得奇怪：怎么李坚真走路没以前那样大步流星了，反倒变得很有女

每当翻阅起一页页的《毛泽东选集》，就会想起一幕幕往事，人民领袖伟大的革命情操深深感动着李坚真

人味？

李坚真到陕北后，就被派到横山县（今榆林市横山区）扩红、筹粮。当时要完成十二项任务，才有棉衣领，才有牲口骑，李坚真风风火火地完成了任务，骑上了高大的骆驼。李坚真和丈夫邓振询，也是在陕北结的婚。邓振询在中央苏区的时候就是一位工人领袖，到陕北后担任陕甘宁边区政府民政厅长兼工农厅长。1943 年，邓振询牺牲在江宁县。以后李坚真一直没有嫁人，她将全部的热情投入革命工作，把全部的爱投入对同志的关心和对烈士子女的照顾。

中华人民共和国成立后，李坚真担任过广东省委书记、省纪检委书记、省人大常委会主任等重要职务。李坚真一生对客家山歌充满着执着的热爱，回顾自己的红军时代，她常常情不自禁地唱了出来：“哎呀嘞，夹金山上雪似银，脚踏冰雪奔前程。革命豪情比火热，融冰化雪步不停。”

习仲勋断官司

文 / 田润民

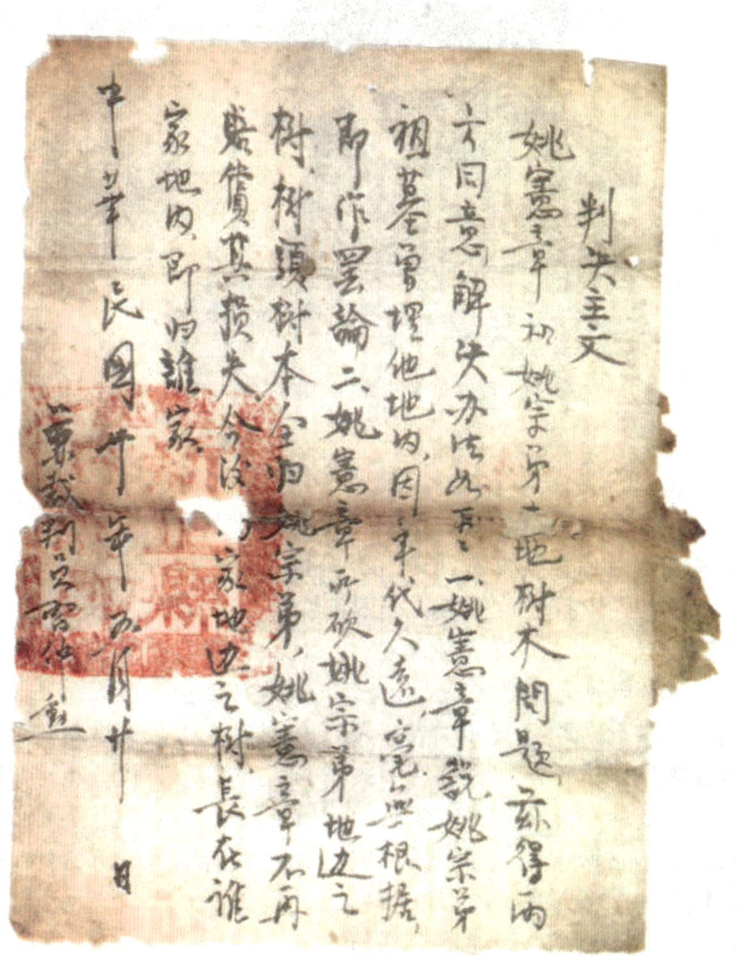
判決主文

姚憲章和姚宗第土地樹木問題，茲得兩方同意，解決办法如下：一、姚憲章説姚宗第祖墓曾埋他地内，因年代久遠，實無根據，即作罢論。二、姚憲章所砍姚宗第地边之樹，樹頭樹本全归姚宗第，姚憲章不再賠償其損失。今後兩家地边之樹，長在誰家地内，即归誰家。

中华民国廿 年五月廿 日

縣裁判員習仲勛

这是一张发黄的纸，距今有七十二年的历史。仔细看，原来是一份判决书，上面盖有新正县政府的印章，还有习仲勋的签名。再看看判决书的内容，两个农民为地界及一棵树的归属问题发生纷争。最后由新正县政府裁定：

姚宪章和姚宗弟土地树木问题，兹得两方同意，解决办法如下：一、姚宪章说姚宗弟祖墓曾埋他地内，因年代久远，毫无根据，即作罢论；二、姚宪章所砍姚宗弟地边之树，树头树本全归姚宗弟，姚宪章不再赔偿其损失。今后，谁家地边之树，长在谁家地内，即归谁家。

中华民国三十年五月二十日

兼裁判员 习仲勋

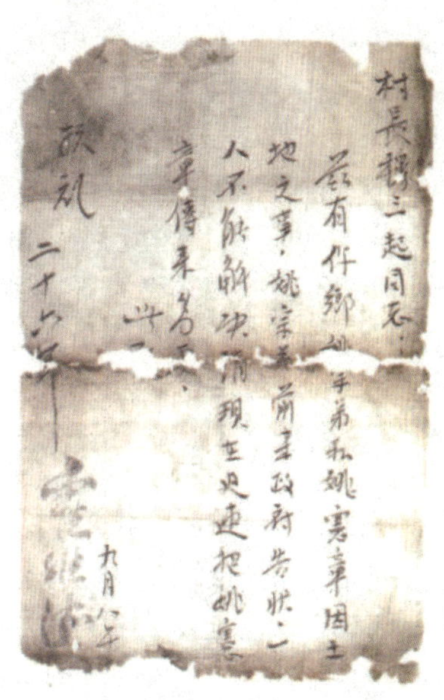
村長穆三起同志：
兹有什鄉[illegible]子弟私姚宪章因土
地之事，姚宗弟前去政府告狀，一
人不能解决，[illegible]现在火速把姚宪
章傳來為要。此
敬礼
二十六年九月八日
霍維德

我的家乡陕西旬邑县职嗣镇青村当时属于新正县三区（长舌头区）六乡，判决书中两位当事人就是我们村的，其中姚宪章是我的邻居

1935 年 8 月，中国共产党陕甘边南区委员会和南区革命委员会以陕西省旬邑县北部和甘肃省正宁县南部地区为辖区设置新正县。1936 年 1 月后，新正县属陕甘边关中特区，1937 年 10 月后归属陕甘宁边区关中分区。习仲勋先后担任关中特区苏维埃政府主席，关中分区专员公署专员等职，1939 年 5 月，兼新正县县长。

当时，农民把土地视为自己的命根子，属于自己的土地，寸土必争。在那个年代，农村因为土地纷争经常打架，往往由两户发展到宗族之间甚至村与村之间的械斗，由此而发生的流血、死人事件屡见不鲜，甚至因为土地纷争而结下了世仇。可是，由于坟墓、树木、道路占地，有时候土地的界线很难划清。从判决书上看，这桩土地纷争起因是，姚宪章以姚宗弟的祖墓埋在他的地内为由，要求姚宗弟给他以补偿，两人商谈不成，于是，姚宪章砍了姚宗弟土地上的一棵树。姚宗弟因此把姚宪章告上了政府。1937 年的 9 月 8 日，当时关中公署专员霍维德签署了一份传票，要求村长穆三起将被告姚宪章传唤到政府。1939 年，霍维德调离，习仲勋兼任新正县县长。1941 年 5 月 20 日判决了这一案件。判决书以“年代久远，毫无根据”否定了姚宪章提出的姚宗弟祖坟埋在其地内的说法；对于已经砍倒的树，则判定“树头、树本全归姚宗弟，姚宪章不再赔偿其损失”；为了避免两人今后可能因此再次引起纷争，判决书最后强调“今后两家地边之树，长在谁家地内，即归谁家”。这份判决书，既解决了纠缠不清的历史遗留问题，又解决了已经砍倒的树木的归属问题，同时还解决了将来可能会出现的问题。判决书语言精练，判决入情入理，堪称司法文书的一个范本。

这两个农民为地界打官司的年代正是抗日战争最艰苦的岁月。关中分区当时管辖新正、新宁、赤水、淳耀四个县和八路军驻淳化、旬邑两个办事处。1939 年，国民党在“国统区”和边区接壤的地方不断地搞军事摩擦，制造了“旬邑事件”，枪杀八路军人员，抢占关中分区地盘，沿着陕甘宁边区挖交通壕，建碉堡，实行经济封锁，并派特务渗入边区搞破坏。在这样严峻的形势下，关中分区在短短的几年内被迫搬了四次家，由马家堡搬到长舌头村，从长舌头村又搬到阳坡头村，最后才在马栏落脚。在残酷的战争环境下，面对国民党的“围剿”和破坏，关中分区和新正县政府的安全受到威胁，有很多要紧的事情要处理，但对姚宪章和姚宗弟因土地纷争所引起的官司这桩“小事”并没有忽视，而且判决公道，避免了民事纠纷扩大和矛盾激化，充分体现了边区政府时刻不忘为人民服务的宗旨。

民事纠纷大多数是人民内部矛盾，当时边区政府司法部门所处理的民事案件都属于人民内部矛盾。在阶级矛盾尖锐复杂的战争年代，许多人认为对敌斗争是大事，而这类民事纠纷只不过是鸡毛蒜皮的小事，因而不大重视。老一辈无产阶级革命家习仲勋却不这样认为，他既抓大事，又抓小事。他于 1944 年 11 月 5 日在《贯彻司法工作的正确方向》一文中指出：“司法工作方针是要团结人民，教育人民，保护人民的正当权益。越是能使老百姓邻里和睦，守望相助，少打官司，不花钱，不误工，安心生产，这个司法工作才算做得好。”同时，他要求司法工作者走出“衙门”，深入乡村，依靠人民办案，发挥民间调解的作用。在文章中，他强调：“千百事件整天发生在人民中，最适当的解决办法，也就在人民中。只有通过人民，才会解决的最快、最正确。”习仲勋用最简单的语言把人民政府司法工作的目的、方针、方法讲得一清二楚，就是今天读起来，也感到非常亲切。七十二年前的这份判决书就是他的司法思想在实践中的体现，可以想见，在这份文书背后，工作人员做了多少调查、调解工作。案件中的被告姚宪章是个识文断字、能说会道又很较真的人，能把他说服很不容易。

重视调解民事纠纷不单纯是一个司法问题，实际上是为人民服务的一部分，因而也是衡量干部群众观点的一个试金石。在这方面，习仲勋当年在关中分区做的许多事情为人称道，许多老百姓爱说的一句话是“找习专员说理去”。一直到 20 世纪 50 年代初，习仲勋已经成为党和国家领导人，原关中分区一带的农民为了一驾马车被邻省扣留这样一件事情专程到北京找习仲勋解决，习仲勋亲自过问了这件事。

相比之下，现在一些干部的群众观念非常淡薄，对民事纠纷一类的事能躲的尽量躲，结果导致一些本来很小的事情演变成群体性的突变事件，单个的“小事”由于久拖不决逐渐累积成为社会问题，引起群众对政府失去信任乃至不满。这样的“小事”一旦被坏人利用，必然酿成“大事”，危害一方平安。

1988 年 7 月 19 日，我在接待访华演出的多明戈时有幸见到了当时担任全国人大常委会副委员长的习仲勋。从我小时候记事起，家乡的一些亲戚、邻居、老干部经常讲习仲勋的故事，今天亲眼看到这位令我仰慕已久的老一辈革命家，

心情格外的激动。在演出休息期间，我鼓足勇气向习老自我介绍，习老听说我是旬邑县青村人时，感到意外，高兴地招呼我坐下，对我说：“你们村子我很熟，去过多次，到好几家住过，还吃过饭……”习老向我打听了我们村王长泰、姚春桂、穆振江几个人的情况，我一一做了介绍。由于时间关系，没有来得及多谈，习老嘱咐他的秘书曹志斌同志记下我的名字和电话，希望有机会到他家里去详细给他介绍一下村子的情况。后来由于种种原因，这一愿望没有实现。

踏着歌声走向胜利

口述 / 杨启轩　整理 / 侯永峰

杨启轩，1914年出生于四川阆中。1933年参加革命工作。1934年加入中国共产主义青年团，后加入中国共产党。参加了土地革命战争、长征、抗日战争、解放战争、抗美援朝等。历任班长、排长、连长、营长、旅参谋处处长、师副参谋长、师参谋长、军后勤部部长、军司令部副军长、沈阳军区工程兵司令部参谋长、工程兵副主任等职。

1955年被授予大校军衔。曾获三级八一勋章、二级独立自由勋章、二级解放勋章，朝鲜二级自由独立勋章、二级国旗勋章。1981年离休，离休后被授予二级红星功勋荣誉章。

大巴山下走上革命路

我一生中做对的最大一件事，就是跟着共产党走上了革命道路。少年时，曾受尽人间磨难，不知道那些日子是怎么熬过来的。参加革命后，虽历经考验，但一直勇往直前。和平年代，正直做人、踏实做事、自强自立。事实证明，这是一条光明之路。

1914年，我出生在大巴山深处的四川阆中。旧社会那些风雨如磐的暗夜，军阀混战，兵荒马乱，农民们成天躲避国民党政府和地方军阀抓丁拉夫，地里的庄稼活也干不成了，生活一天不如一天。

四川西部的毛尔盖

我父母靠租种地主的地养活一家人，收成多半交给地主，自己家所剩无几。年年都是冬借春还，春借秋还，借一斗还一斗半，年年甩不掉借粮的担子。家里劳力少，加上自然灾害等原因，生活一天比一天困难。

生在普通农家的我，为了减轻父母的负担，尽量帮家里多干活。六岁时我就背着妹妹去放牛，有时候牛吃田里的庄稼，自己力气小牵不住牛鼻子，被拖得到处乱跑，只有哭鼻子。

十二岁时，父母送我上私塾，但待了仅仅八天，就念不下去了。原因很简单：念不起！

1927 年春天，家中青黄不接，一粒粮食也没剩下，连仅有的一点干红薯叶都吃光了。

1928 年冬，我家中被盗，耕牛也病死了。更雪上加霜的是，地主收回了租给我家的土地。离开了地主家，全家结束了寄人篱下的牛马生活，去种自己家的两亩多薄田。一贫如洗的我们过春节时只能吃邻居给的萝卜充饥。

在参加革命前的近二十年里，我只穿过四件自己家做的粗布衣服和四双布鞋。家中每人一只饭碗，来客人时，把碗给客人用，自己只好用瓢、盆盛饭。

1929 年，家乡传来了红军要来的消息。虽然社会上众说纷纭，有人说红军劫富济贫，有人说红军青面獠牙。但和我们家一样的劳苦大众都盼着红军早点来到身边。

1933 年 6 月，红军真的来到了阆中。红军的宣传队宣传红军是共产党领导的人民军队、是打倒地主反动派的队伍。一开始，我参加了党领导的游击队。一个月后，我成为中国工农红军的一员，走上了“生为中国人民尽力，死为中国人民献身”的道路。

一辈子都忘不了的政治课

穿上了军服，扛起了钢枪，我逐渐知道了什么是红军，什么是共产主义信仰。

一开始我都是从歌中知道这些革命道理的，后来参加了红军，通过唱军歌才开始接触这些。岁月留痕，至今我仍然牢记着参军后学会的一支歌：“红军三大任务，打倒帝国主义，铲除封建势力，打倒资本主义。推翻国民政府，实行土地革命，建设社会主义。实行各尽所能，各取所值，各尽所能，各取所需。”

我一辈子忘不了这支坚定共产主义信仰的军歌，它同时也是红军的思想政治教育课之一。

这支歌是战胜敌人，克服各种困难，战胜艰难险阻的武器和法宝！红军天天唱这支歌，人人斗志昂扬。还有另外一支歌，也让我至今无法忘怀，这是刚参加红军时学会的：“革命潮流高潮起，工农兵要大联合。我们青年参加革命，这是我们新使命。不怕死，不爱钱，不怕牺牲向前进。努力！努力！去斗争，把土豪劣绅打到天边去，创造一个新社会！”

这些歌，我们行军时唱，吃饭时也唱，有时候还集体比赛唱。歌中朴素的革命道理，影响着一代又一代红军。在革命生涯里，这逐渐转化为一种热情、一股干劲、一种拼命精神。

生死考验

从 1933 年夏天加入革命队伍，到 1953 年从朝鲜战场归来，我经历了一幕幕惊心动魄的战争场面。二十年征战沙场，七千三百个日日夜夜，多少次与死神擦肩而过，使我难以忘怀。

1933 年底，刚参军不到半年的我经受了一次磨难。右臂长了毒疮，臂部红肿，肌肉发硬，流出的淡黄色脓血夹带血丝，高烧不退，持续了一个多月。疼痛难忍的我被折磨得死去活来，晚上只能趴着睡觉。有一天，在街上偶遇一位来赶集的老乡，给我弄来了药，这才死里逃生。

在长征途中，有一次生病差点要了我的命。

1936 年 6 月，我得了一场大病，发烧半个月不退，寝食难安，每天只是靠着炊事员打来的米汤支撑着。一天，营长想方设法弄来两粒药让我服下。出了一身大汗的我退了烧，也能吃饭了。

三天后，友邻部队的阵地被敌人突破，我所在团的主力部队被迫后撤十公里，我所在二营完全暴露在敌人的包围之中。

形势危急，红军被迫在黄昏时分紧急突围。这对我来说真是一场严峻的考验！我咬紧牙关往前走，最后，实在走不动了，强打精神后告诉营政委：“我实在动不了了，你们先走吧。”营政委回答：“跟我走，营部也有个病号，我可以一起照顾。”

就这样，在营政委的鼓励下，我们几个悄悄地从敌人后面绕过去，一直往前走，走到第二天午后 3 点钟才找到自己的部队。

1934 年 4 月，任赤北县（川陕苏区第一个革命政权所在地，在今通江县境内）独立营排长的我奉命去运送粮食。在执行任务的途中，路经一座小山，遭到当地反动武装突然袭击。我带着一个班的战士企图迂回包抄敌人，刚行进到半山腰，敌人放下滚木，我的枪托被砸断，滚木速度放慢，从我的右脚面压了过去。

战斗结束后，我的右脚面肿得像馒头，缺医少药，只好想法找点草药敷上。熬了一个多月，脚掌的红肿才逐渐消退。

1935 年 6 月，我所在部队打了一个胜仗，士气高昂的同志们决心再次痛击敌人。夜间，敌我双方在山头上激烈交火。敌人退守到另外一座山势很陡的山头上，他们居高临下，密集的子弹溅起砂石，弹到奋不顾身向山上冲的红军战士的脸上。在我旁边的战友受伤后，一个个滚下山坡，连长也被击中，我只好背着连长赶紧往山下撤。

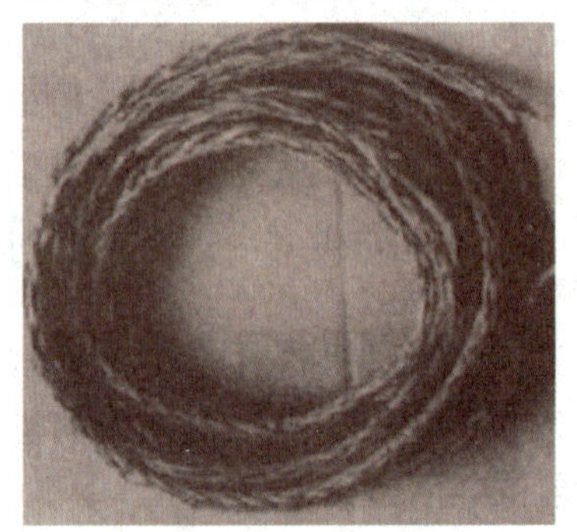

红军用过的马灯、竹绳

这次战斗，连队伤亡过半。返回营地后，我才发现，自己的衣帽上竟然有二十多个孔，经辨认是七发子弹穿过留下的痕迹。

1935 年 7 月间，红四方面军第一次经过草地后，到达有敌人驻守的上包座地区。为了扫清前进的障碍，我所在的营奉命连夜向敌人的阵地进发。次日拂晓，短兵相接后敌人就逃跑了。红军跟踪追击到了上包座以东的山梁下，遭到在此设防的敌人猛烈攻击。战斗一直持续到天亮。

从战场上撤下来后，我才发觉自己左大腿受了重伤。行走十分困难，只好咬着牙挺到中午，才被送到后方医院。这次战斗结束后，我所在的二营减员严重，只剩下七十余人。

不久后，伤势未痊愈的我被编入另外一支部队。

一天，在四川宝兴地区，接到休整三天的命令后，连指导员让我带着两名战士到驻地向群众做宣传。当天下午两点，当我们按上级要求的时间返回营地时，却不见了部队的踪影。我们顾不上吃饭，急忙按照老乡指引的方向追赶部队。

走了六天后，我们三人才找到自己所在的部队。此时，我们才知道，部队参加了百丈关战斗，这场恶仗过后，我所在的六班无人生还。

1936 年 2 月，在一个叫观音堂的地方，敌我双方对峙。我带领一个排的战士在山上设防，战斗从上午 9 点一直持续到下午 1 点，连续打退了敌人的三次进攻。

下午 1 点多钟，敌人集中火力，向红军另外两个阵地猛攻，三架敌机轮番扫射。黄昏时分，敌人未能占领我军阵地撤走了，但此时全连只剩下十二人：包括我的二排八人，还有连指导员、通信员、卫生员、司务长。

艰难征程

1935 年 8 月，上下包座战斗结束，红军歼敌一个师。胜利的消息传到后方医院，大家欣喜若狂。但还没有来得及庆祝，就突然接到轻伤员南下过草地的命令。

第二天早上，我被指定为轻伤员连的连长。这个临时编组的连有一百八十多名轻伤员。每人身上除了穿的，就只有“百宝囊”（挎包）里装的碗筷、编草鞋的用料、针线包等，还有医院发给每人的一小袋炒面和一根探路棍。

医院领导要求伤兵连每天行进十五公里，并设置兵站，负责医疗小组的食宿。

随后，我们踏上了第二次过草地的征程。我们行军秩序良好，大家互相照顾，没有人掉队，一切按部就班地进行着。

走到第四天，各路部队都上来合路并行，二十多路纵队齐头并进向前走。伤员连的战士们陆陆续续回到了自己原来的部队。

草地行军二十五天

第二次穿越草地，我们整整走了二十五天。在这一路上，我们和遇到的五十多名红军走在了一起。

秋天的草地，刚才还是晴空万里，突然乌云翻滚电闪雷鸣，一阵阵瓢泼大雨从天而降。秋雨绵绵，天气一天比一天冷，衣服难以御寒。行进数日，口袋里的粮食一天天减少。虽然伤势有所好转，但疲惫不堪的我们对于何时能走出荒无人烟的草地心里没底。

这时，我给自己鼓劲：要活下去！横下一条心坚持站起来，争取活着走出草地。我是共产党员，我要实现我的誓言，为共产主义奋斗还是到底。

虽然风餐露宿，住的是四面招风的无墙房，吃的是难以下咽的牛皮、草根，但我们最终还是用一曲凯歌送走了死神，走出了荒无人烟的草地。在二十五天的艰难行程中，我有一件无价之宝帮了大家的忙，这就是一只能烧水做饭的紫铜茶罐子。在当时的环境下，这件宝贝成

红军长征时留下的手雷

为五十多名红军的共同用品。每天宿营，大家轮流用它烧水做饭，一直到深夜。什么时候出发了，什么时候才送回来。从此，大家团结友爱的气氛更浓了，大家都习惯地称我为“杨连长”。

终于有一天，视野里出现了炊烟，“终于告别草地了！”大家敞开嗓门高喊，载歌载舞，唱呀，跳呀，此时此刻的心情难以形容。

多年后，我创作了一首诗来纪念过草地的这段经历：

战友同行五十多，团结友爱互依托。
刀山火海何所惧，千山万水奈我何。
艰难征程三旬间，远眺前方生炊烟。
齐声欢呼迎新生，一曲凯歌送死神。

无悔的足迹

我一生转战南北，全国各地留下足

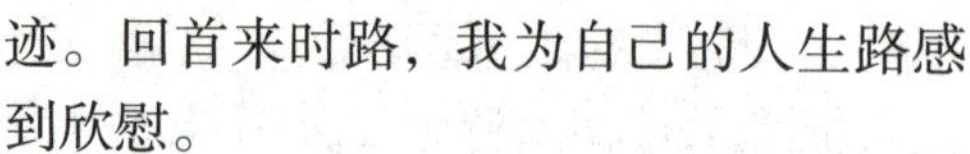

迹。回首来时路，我为自己的人生路感到欣慰。

回望我走过的漫长的革命道路，多少往事穿过时间隧道，历历在目。每次回忆战斗岁月的惊心动魄、九死一生，我都感慨万千，心情久久不能平静。不管是命运的安排，还是上苍的呵护，让我能够走过战争、躲过意外、战胜死神，活着感受人生。多少人在战斗中倒下，在意外中丧生，我却是幸运的。

自从加入革命队伍的那一天，那支坚定共产主义信仰的歌就一直在我心头回荡。在这支歌的指引下，我兢兢业业，努力奋斗，尽职尽责去完成党交给的工作和任务。

现在回忆这一切，是为了告诉后人不要忘记历史，要懂得珍惜现在，更加热爱生活，勤奋工作，为党和人民多作贡献。

（本文选自《辽宁日报》）

琼崖纵队老战士回忆战争岁月

口述／王执儒　整理／黎　光

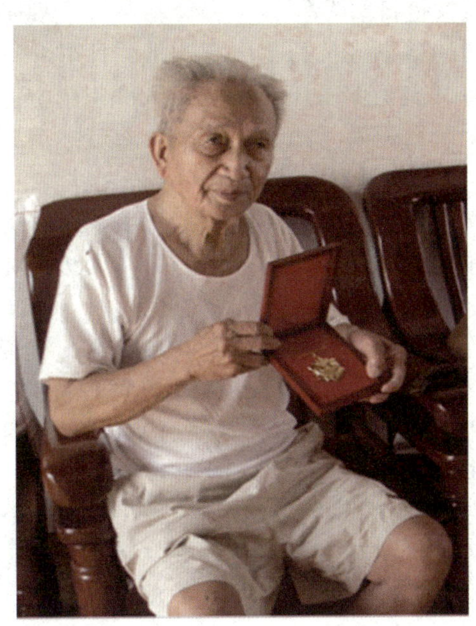
琼崖纵队老战士王执儒

机枪手一个点射　敌团长中枪落马

我是琼崖纵队的一名战士，在多年的抗日生涯中，有许多故事让我难以忘怀。在那段峥嵘岁月中，我坚定信念，始终没有放弃过抗日，虽然艰难，但也是一段值得回忆的时光。

1942 年，国民党保七团团长李春农带兵去锦山接收从广州、香港运过来的枪支装备。他的团里有七十挺机枪，是当时火力最强的团，所以他极度自负嚣张。正当他骑着高头大马、大摇大摆地走在路上时，琼崖独立总队机枪手黄可则藏在路边一棵榕树上，一个点射，李春农一头从马上栽了下来。失去头领的敌人四散逃回大致坡镇一带的大水、青草两村，不敢出门。

李春农死后，董伯然代替了他的位置，琼崖独立总队将他和第七团的两个营围了个水泄不通。几天后，敌军就没有东西吃，也没有水喝。

由于董伯然是有名的“反共”分子，大家对他恨之入骨。华侨回乡服务团工作队队长刘青云把《傻大姐》这首民歌的歌词改了一下，变成讽刺董伯然的歌谣，歌中唱道：“他的名字叫作董伯然，他真是傻，他不抗日要投降……”我和大家唱着这首歌，把包围圈收得紧紧地，而董伯然则气得半死，无计可施。可惜的是，就在第七团快要崩溃的时候，敌军第六团赶来增援，解了围。

打公园惊破敌胆　闯铁桥日军丢命

1943年，时任琼山三区副区长的我带领几名战友去东新乡开展工作，开辟新的革命根据地。这个乡靠近南渡江和府城镇，当时属白区，革命气氛不浓厚。经观察，思想上进、文化程度和觉悟高的教师李修龙成了我们想团结的对象，后来我们经过多次会面，认了兄弟，无所不谈。通过李修龙，我逐步打开了工作局面。站稳脚跟后，我决定让敌人尝一下共产党的厉害。于是我们隔三岔五去骚扰敌人，叫他们睡不着觉。

有一次，日伪军在人民公园办晚会，吸引不少阔太太和名流前来观看。我带领一支游击队，乘着夜色潜入公园，突然向敌人打冷枪，一时间现场大乱，一些阔太太跑时连项链、鞋都丢了。这时游击队员趁乱撤离。回到南渡江铁桥时，桥头哨卡有两名日军哨兵，我决定闯过大桥。倒霉的日军哨兵还没明白怎么回事，就已经横尸桥头，游击战士大摇大摆地从铁桥上过了江。

打游击日军拜师　伪公所缴枪擒敌

1943年，我带兵在苏寻三乡一带打游击战，日军想以大部队“围剿”，但对三五人一组的游击队无可奈何，隔三岔五，日军就被消灭掉几个。日军一看这样不行，也学着打起游击战来，三五人一组和我们对着干。这样的游击打了一年，日军无法战胜琼崖游击队，反而损失不少人。

1943年，我带领猛进队三百人，进攻日伪军守护的塔市乡，战斗十分激烈。

1944年，我带兵转打灵山镇。这次我改变了战术，三更半夜来偷袭伪公所，打了敌人一个措手不及，当场活捉伪乡长施进昌等三十八人，缴获枪支三十八挺。

（本文选自《海口晚报》）

我跟着哥哥当上交通员

口述 / 龙光大　整理 / 邱佩君

龙正大

龙光大

龙正大，1926 年出生于泰和，大学开始开展地下工作，中华人民共和国成立后，曾任中共吉安县委宣传部部长、吉安市教育局副局长。1986 年 2 月，因病去世。

龙光大，1936 年 10 月出生，1947 年至 1949 年跟随开展地下工作的哥哥在南昌和泰和，边念书边当小交通员。1955 年入伍，1958 年毕业于北京炮兵学校，1958 年至 1959 年参加福建前线实习炮战，1961 年参加福建前线战备。1959 年至 1963 年，在部队任初级军官。1963 年转业，到泰和县二轻局工作，1996 年退休。

十二岁起，我便跟随着身为地下党的哥哥当起了交通员，从此我与革命再也分不开。我给地下党员望风，给解放军放哨……在泰和县城，有一棵树龄和共和国同龄的柚子树，那是我亲手种下的，那棵同根而长出两枝的树，所记载的是海峡两岸能早日和平统一的心愿。

跟着哥哥当上小小交通员

对于我来说，哥哥龙正大就是个英雄。哥哥读大学时参加了党的地下组织，参与闹学潮、反内战、反迫害、反独裁、争人权活动。

1947 年春，哥哥大学毕业后，在南昌葆灵女中任国文教员。后来，把十二岁的我带到南昌，让我在南昌豫章附小念五年级。

第二个学期，哥哥规定我每个星期天要到葆灵女中，一是他给我补习功课，二是给了我一个光荣的使命：帮哥哥往校外送出、接回情报。方法就是以借书、还书之名，把情报夹在书里送出和带回。就这样，我便开始了小小交通员的生涯。

1948 年，在春暖花开的季节，我受领了哥哥交给我到六眼井交换情报的任务。我和一个同学蹦蹦跳跳、有说有笑直奔六眼井，走到一个烧饼铺前，同学闻到飘散出的香味，停下来要了两个，钱还没付，就狼吞虎咽地啃了一个。在付钱时，老板要求同学付金圆券，而同学只有破损的旧币，两人为此吵了起来。恰巧两个巡警路过，老板诬陷同学偷吃烧饼，巡警就要抓人。同学撒腿往南跑，我则往北逃跑。此刻，我没有忘记哥哥的教导：在危急时刻，要保护好情报，不能让它落在别人手里。于是，我把夹在书里的情报拼命地吃掉。

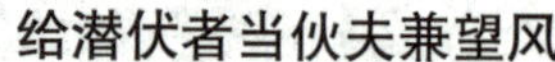

给潜伏者当伙夫兼望风

1948 年上半年这一个学期还没读完，有一天，哥哥来到豫章附小给我办理请假手续，他告诉学校因我患急性脑膜炎，需要住院治疗。匆忙办好离校治疗手续后，当天夜里，哥哥就领着我直奔轮渡码头，搭乘轮船回泰和。哥哥告诉我：“据可靠情报，我的名字已上了国民党特务的黑名单。”回泰和后，哥哥由地下党安排，在一所私立中学——泰和县新生中学任国文教员。

1948 年秋，哥哥把父亲终生的积蓄两块金砖拿了出来，买下了一套木结构别墅，作为泰和地下党活动的据点。

这时，与哥哥一起在泰和活动的地下党员共有六人，他们也各自有自己的职业作掩护，但实际主要是从事革命事业，这些人分别是：杨自觉，商人；陈庆麟，省立泰和中学教务；于晨，杂货小摊贩；郭隆奎，省立泰和中学理化教员；龙正大，泰和县私立新生中学国文教员；黄玉玲，哥哥的“恋人”，从广东来泰和投奔龙正大。

他们的革命工作，都各有侧重，潜伏于敌人内部。有的与警察局、宪兵队交往密切；有的与县参议经常接触；有的与各乡乡长、保长称兄道弟……几个地下党员散多聚少，但每周至少有一次不定期的聚会，交流情报、研究工作。而聚会地点就是哥哥龙正大买下的那栋木结构别墅。

因为我辍学在家，我的“工作”也由小交通员改行为“伙夫”和“望风”。中共地下组织聚会时，就为他们煮饭炒菜；他们研究工作时，就在篱笆门外望风。发现有异常情况或不速之客来临，我就赶鸡骂狗作为暗号，为在屋内的他

这棵同根而长出两枝的树，所承载的是海峡两岸能早日和平统一的心愿

们报信。他们就停止开会，把事先摆放在桌上的麻将搓起来，还拼命地争吵输赢，以迷惑敌人。

我的这份“工作”，一直干到1949年9月泰和全面解放为止。

三粒柚树籽　两岸不了情

1948年末，一天傍晚，一个人来找哥哥龙正大，我把他拦在篱笆门外，忙向院内的哥哥通报来人模样，哥哥随即来到院门口，一见面，两人如久别重逢的亲人，哥哥给我介绍：“这是匡远清，也是泰和人，与我曾是大学学友。”随后，哥哥把来人领进室内密谈。约一个小时后，哥哥把他送了出来。临走时，匡远清拿出三粒柚子树籽交给哥哥，说：“仁兄，我要赶路，就不回去了，烦劳你把它给我内人。虽然我们天各一方，但我们的心是连在一起的。”

哥哥把这三粒种子交给我处理，我把它埋在家后院的竹林边。1949年春，只长出了一株柚苗。说来也怪，这株柚苗的身子像是粘连在一起。长大以后，一棵柚树从根部起就分成两个枝，一个枝结出的柚子里面是红色的；另一个枝结出的柚子里面是白色的，但柚子汁都幽香扑鼻。

后来，我才知道，匡远清先前去过台湾，那次特意回来是邀哥哥一起去台湾，遭到哥哥的拒绝。就在那夜，匡远清随国民党二十三军逃往台湾。

如今，我们已经搬迁，那块地被开发商建成商贸城，树木花草大都被砍尽，建成一排排的高楼大厦，这株柚子树却单单留下了。据说，还为这棵树买了保险。今日，这株柚子树与共和国同龄，它见证了沧桑巨变。它同根而分两枝，也期盼着海峡两岸能早日和平统一。

给解放军当哨兵

就在中华人民共和国成立前，我还为解放军先遣部队的侦察兵当起了哨兵。

1949年6月的一天傍晚，哥哥和地下党员陪伴四名解放军到乡下老家塘洲乡，他们是南下挺进的解放军先遣部队的前哨侦察兵。

哥哥把他们领到家门口，两个解放军迅速一左一右在大门口站岗，另两个随哥哥进入厅堂，我给他俩端上茶，他们很有礼貌地接过茶说了一声：“小弟弟好！”

这时，哥哥把父亲、母亲以及两个姐姐带进后厅卧室，把门反锁，却把我带到大门外，要我为门口两个站岗的解放军当游动哨，交代我绕着房子四周警戒走动，不许外人接近，更不允许驻足。

来参会的人，除了四名解放军和地

下党员外，还有许多我从未见过的新面孔，挤了满满一屋人，会议一直开到第二天黎明，主要是听两个解放军宣传党的政策和安排工作，哥哥他们只是不时插话补充。

潜意识告诉我：这是一个中华人民共和国诞生前，山雨欲来风满楼的重要会议，是决定泰和未来命运的关键会议，是一束从地平线上冉冉升起的曙光。

解放军总会留份饭等着我

那次会议以后，泰和就全面解放了。解放军炮兵营进驻了泰和县城，在千秋小学、百人科第伤兵医院、彭家祠，以及我家木结构小别墅至田上原书院一线，都有重兵把守，这是一条战略要道，国民党溃军南撤去赣州、广东的必经之路，也是防止国民党反扑泰和县城的咽喉。

炮兵营的炮火都是小山炮，行军运输全由马匹驮着。住在我家小别墅的是驭手和炊事班，马厩就在别墅隔壁的彭家祠里，我与解放军日夜相处，军民之间鱼水情深。

当时，哥哥他们都集中到泰和县私立新生中学里面集中办公，小别墅只有我一人看守。解放军炊事班就把我当作他们中的一员，开饭的时候，总是惦记着我，要我一起吃饭。有时，我有意躲开开饭时间，他们就留下一份饭菜热在锅里，派战士四处找我。

驭手住在我家里，每天下午遛马时，他们都要把我带上，教我如何驾驭马匹，如何与马匹交流，如何指挥马向左向右，如何让马直走、奔跑，等等。后来，他又教我骑马。最后，我不但可以骑在马上，还可以在马奔跑时，伏在马身上拾起地面的物件。

（本文选自大江网）

我的母亲蹇先任

文/贺捷生

贺捷生

贺捷生，贺龙之女，中国人民解放军少将，著名军旅作家。1955年考入北京大学历史系。1995年从军事科学院军事百科研究部部长的岗位上退下来，集中精力从事历史研究工作及文学创作。

1946年，母亲蹇先任是坐着一辆大车去围场的。

赶车的老大爷受命来接新上任的县委副书记，想不到接到的是个文文静静的南方女子。那时的母亲面色白净，目光和蔼，娇小的身体裹在一件腰身大、口袋也大的姜黄色棉袄里，头上戴着一顶说不出哪支军队戴过的棉帽子，两只护耳翘了起来，像鸟儿展开的两扇翅膀。母亲还带着枪，是那种盒子枪，装在腰间用武装带勒紧的木匣子里。枪把上的红绸，像一团燃烧的霞光。

围场是口外的一个县，是大清康熙和乾隆帝打猎的地方。当时的承德还不叫承德，而叫热河。热河其实一点都不热，特别是盛夏，凉风习习，层林叠翠，让人心醉神迷。住在北京的皇帝派来工匠雕梁画栋，在山窝窝里建起一座避暑山庄。天热的时候，皇帝带着大臣和嫔妃们骑马坐轿，逶迤而来，然后又不辞劳苦，往北走一二百里，找到一片有树林和草场的山地，用栅栏围起来，当骑马射猎之地，名曰木兰围场。

进入后来以围场命名的县境，母亲放眼望去，树木凋零，草叶枯黄，山石嶙峋，早已朽烂的栅栏围着的不是野兽，而是活生生的人。原来这片土地早在十四年前就被日本人占领，为巩固殖民统治，他们强行“归屯并户”，对群众进行奴化教育，同时逼迫老百姓拔掉庄稼种大烟，久而久之，许多人吸大烟成瘾，生产力低下，偌大的一片土地满目疮痍，十室九空，原本水草丰美的家园渐渐荒芜。这里夏短冬长，寒冷的日子里白雪皑皑，从河套刮来的风像一群群野兽，在旷野上疯狂地追逐和撕咬，发出阵阵凄厉的吼声。

母亲化名黄代芳下围场工作，那年三十七岁，已是个老资格的共产党员了。她十七岁从事地下斗争，十八岁在加入国民党的同时加入共产党，二十岁在湘西参加红军并嫁给我父亲贺龙，二十六岁带着刚出生的我参加长征。1938 年，国共第二次合作时期，她二十九岁，经党中央、毛泽东主席批准，被派去莫斯科共产国际党校学习。当她 1941 年经西伯利亚千辛万苦回到延安的时候，日夜思念的孩子杳无音信。当时，大家都以为她受不了这种打击，会像有的人那样疯掉。可她非但没有疯，而且仍像一个普通战士那样站在她从前的队伍里。面对人们投来的目光，她淡然一笑，说，我是来革命的，又不是来嫁给某个人的。

但母亲意识到此后的路必定荆棘丛生，于是坚决要求往前线走，往血泊中走。她想，那么艰难的路都走过来了，那么多同志都牺牲了，她这条命还有什么可珍惜的？母亲来围场工作，最直接的原因，是热河省医院出现大批伤病员死亡。这家医院是从日伪手里接管而来的，许多伤员莫名其妙死亡，大家普遍怀疑其中有暗藏的敌人。正担任冀热察辽军区政治部保卫科长的母亲闻讯去调查，没抓出暗藏的敌人，却发现医院条件简陋，人手紧张，管理非常混乱，轻伤员送进去被拖成了重伤员，重伤员送进去只能眼睁睁地等死。她还去医院后面的坟场看了看，看得她心惊肉跳。当时正值寒冬，坟场被厚厚的冰雪覆盖着，坚硬如铁，一锹铲下去火星四溅。由于墓坑挖得浅，掩埋尸体比较草率。

从医院回军区的路上，母亲心情沉重。她意识到省医院出现这样的问题，是因为形势发展得太快，地方特别缺干部，当前急需派人下去发动群众，做好支援部队的工作，否则，当激烈的战争到来之时，损失将不堪设想。

当母亲申请脱下军装，要求去地方工作时，人们都以为她的脑子出了毛病。她在大革命时期入党，又经过长征考验，还到苏联喝过洋墨水，这样的资历在党内军内有几个？部长亲自出面来挽留她，说：“蹇大姐，战争很快就要打起来了，地方情况复杂，兵荒马乱的，你一个老同志、女同志，还是留在军区机关吧。”但母亲去意已决，几句话就把部长说服了。母亲说：“我要求下地方，就是因为战争马上就要打起来了，届时，部队的给养、大量转往后方的伤病员，一切的一切，都必须得到地方的有力支持。省

1939年，部分中国学员在莫斯科郊区共产国际党校合影。前排左起：蹇先任、王美兰（李六如夫人）、孙维世、马明方，后排左起：方志纯、林利、贺子珍、贺诚

长征途中的老照片前排左三、左二为蹇先任、贺捷生母女

医院就是个很好的例子，看到那么多伤员从战场上活着抬下来，却死在了医院，令人心痛啊！”

这是1946年4月下旬发生的事情，当时抗战结束刚八个月，国共两党在重庆的谈判正陷入僵局。像母亲这种经历过两次国共合作的人，早明白国共两党势不两立，早晚要打起来。因此，稍有风吹草动，她就会像一支箭那样把自己射出去。

围场是抗日战争胜利后由八路军和平接收的新解放区。所谓和平接收，就是日伪军被赶走了，八路军干部带着小股部队来接管。由于没费一枪一弹，日伪培植起来的势力毫发无损，国共一旦开战，他们的枪口对准谁就很难说了。还有许多土匪藏在深山老林，常常闯下山来抢钱抢粮，闹得人心惶惶。这种种不安定因素，决定了县委的工作极其危险和复杂，这里的同志说不定哪天便会遭到杀害。

母亲到达围场县城克勒沟时，县长张静之和比她早几天调来的县委书记王克东，正带着县机关干部在乡村减租减息，动员群众发展生产，做好打仗的准备。此外，我党正对东北采取寸土必争的策略，每天都有干部从解放区经围场向东北开拔，县委的另一项重要工作就是派人护送。县委书记和县长见到母亲，说：“蹇大姐，你长期在延安工作，各地的干部都认识，护送干部的任务就由你来负责吧。”

母亲自然不会推辞，在到达围场的当天，她便骑上县委为她准备的一匹叫“赛围场”的白马，踏上了迎送过往干部的征途。

在当年皇帝围猎的这片土地上，我那三十七岁依然年轻漂亮的母亲，骑白马，挎双枪，不知疲倦地把党的一批批干部送往东北，她那副英姿飒爽的模样，如同一幅画，留在了围场人民的心里。几十年后说起这段岁月，她神采奕奕，依然沉浸在对战斗生活的痴迷中。她说，那些日子披星戴月，风雨兼程，但她整个人如同脱胎换骨，活得特别充实，仿佛身上的每个关节都在绽开青枝绿叶。每当红日东升或夕阳西下，她在洒满金辉的原野上策马前行，风呼呼地吹动着她齐耳的短发和手枪把上的红绸，如同奔向太阳的一团火焰。

经母亲护送的那些干部，有宋任穷、黄火青、段苏权，大多是她长征时的老战友、她在抗日军政大学的同学以及后来的学生。她晚年回忆说，每次接来和送走这些干部，都像亲人的重逢和道别，既高兴又依依不舍。想到他们去东北是同国民党争夺长春和沈阳那样的大城市，吹响解放全中国的号角，心里敞亮极了，就像一座房子把所有的窗子都打开了。把他们安顿在县委简易招待所住下后，围着噼噼啪啪的炭火，彼此有说不完的话，不知不觉天就亮了，然后又迎着黎明的曙光，打马上路。中华人民共和国成立后，无论在哪个场合见面，这些同志不论职务高低，都会远远地走过来，向她表达感激之情。

不久，东北的许多城市被国民党军队抢占了，国共两党的大决战宣告开始。围场的过往干部少了，也面临着国民党中央军和傅作义部队的大兵压境。随后，军区、省委和地委陆续从热河撤到县里。

大战将至，县委紧急发动群众抢收秋粮，坚壁清野，防止被国民党军队抢去；同时着力整顿县支队和区小队，健

蹇先任（右一）、贺捷生（右二）、蹇先佛（左一）和她的孩子合影

全各种武装力量。

农历十月的一天，黄火青同志北撤再过围场，正在孟奎开展工作的母亲接到县委书记的电话，回县里向黄火青汇报工作。就在这天晚上，孟奎区公所被一伙国民党匪徒包围，刚整顿的区小队仓促应战，顽强阻击，除少数几个人突围外，剩下的全部牺牲。第二天，母亲飞马赶回孟奎，看见头天还说说笑笑的队员们横七竖八地倒在屋子里，墙上溅满鲜血，不禁痛心疾首，泪水潸然而下。

10 月 18 日清晨，城子区又响起了枪声。这次因县委及时作了布置，区小队没遭受多大损失。敌人攻进区公所后，只从柴草堆里搜出一个叫邢玉清的伤员。邢玉清已经站不起来了，趴在地上大骂国民党匪徒和为他们带路的地主，后被恼羞成怒的敌人活活地掩死。

同一天，国民党中央军石觉的部队占领隆化，开始向围场逼近。军区、省委和地委继续后撤，围场突然孤悬于敌人的铁蹄下。

这时，母亲接到省委发来的一封电报，命令她迅速回分局，另行分配工作。她把电报交给身边的几个区委书记传看了一遍，语气沉重地说：“敌人来势凶猛，省委这个时候调我走，你们说我去还是不去？”

区委书记们已经知道母亲的来历，也明白省委在这个时候把她调走的用意，沉默了半天，有人说：“蹇大姐，我们佩服你的能力，更敬重你的人品，从心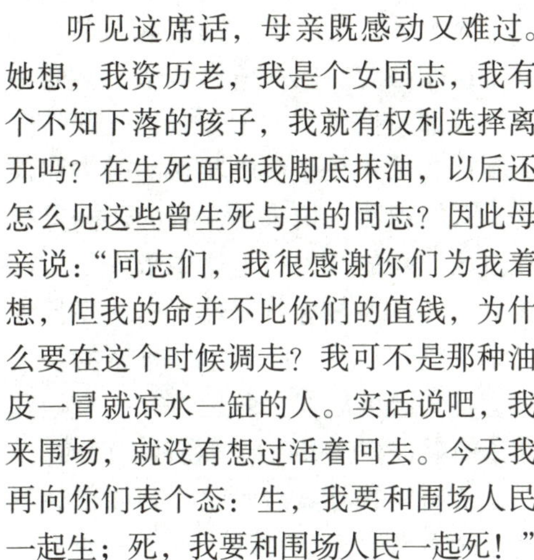里希望你能带着我们继续战斗。但你的资历那么老，又是女同志，而且孩子至今都不知道下落，我看你还是服从调令回分区。留下来多危险啊，谁知道是死是活？”

听见这席话，母亲既感动又难过。她想，我资历老，我是个女同志，我有个不知下落的孩子，我就有权利选择离开吗？在生死面前我脚底抹油，以后还怎么见这些曾生死与共的同志？因此母亲说：“同志们，我很感谢你们为我着想，但我的命并不比你们的值钱，为什么要在这个时候调走？我可不是那种油皮一冒就凉水一缸的人。实话说吧，我来围场，就没有想过活着回去。今天我再向你们表个态：生，我要和围场人民一起生；死，我要和围场人民一起死！”

10 月下旬，国民党军队分几路向围场推进。县委迅速组织力量转移财物和粮食，妥善安置行动不便的干部，果敢处置监狱里关押的汉奸和地主恶霸；然后以东、西、中三路，由县委书记、县长和我母亲分头领衔，带领群众向内蒙古方向撤退。

母亲坐镇的中路，集中了以新拨区为主的数千老百姓，逶迤而行的队伍前面看不到头，后面看不到尾。忍痛放弃家园的群众扶老携幼，呼天抢地，把舍不得扔下的东西都扛在肩上。有的把花花绿绿的被子披在肩头，一层又一层的，行走极为艰难。撤退当然不能走大路，这样会被敌人追上，因此离开村镇就得上山，道路崎岖难行。

母亲骑着马在前后奔跑，嗓子喊哑了，身子被行走在山路上的马颠得快要散架了，心里火烧火燎的。她想，老百姓是多么无助啊，战争就像驱赶一群牲口，把他们赶来赶去，让他们流离失所，受苦受难。然而有什么办法呢？共产党革命不就是为了拯救他们吗？在这危难之时，只能尽力保护他们，与他们同甘共苦。

两天后，东西中三路撤退大军在内蒙古经棚会合。回头清点队伍，县委和区委干部只撤出来七十多人，失散的群众不计其数；在仓促中转移的财物和粮食，有的被敌人抢去了，有的还搁置在敌占区，有的在大撤退途中散失了。好在县委的三个领导都安然无恙，当县委书记王克东、县长张静之和母亲的手重新握在一起的时候，日后生存的严峻和斗争的艰难，已清晰地摆在他们面前。

从当年收复县府大院，到如今剩下几十个干部撤退到外地，这个转变太突兀了，必须重整旗鼓，卷土重来！根据党中央“区委不离区、县委不离县”的精神，县委这时作出决定，以分区部队为依靠，集中县机关干部和武装力量，由三位主要领导带队，伺机深入敌后，开展游击战争。

在过去的十一年中，母亲经长征到延安，又经延安到苏联，如此国内国外地转了一大圈，到 1946 年的这个时候，又回到了她在湘西所经历的岁月，成了一个出没于敌占区的女游击队长。

昼伏夜出，风吹雨打，大路不走走小路，整天躲躲藏藏，这就是母亲和她的战友们此后每天必须面对的生活。他们常常是饱一顿，饥一顿，生熟不论，只要能充饥什么都吃；夜晚居无定所，碰见茅屋睡茅屋，遇上猪圈睡猪圈，有时干脆不睡，几个人背靠背地在星空下坐到天亮；子弹任何时候都上膛，与敌人遭遇，打得赢就打，打不赢就走。

寒冬到来了，大雪纷飞，口外的寒冷令人心惊。母亲后来回忆说，在围场打游击的日子，什么苦与天冷的苦比起来，都算不得苦了。他们出去执行任务，风餐露宿，气温达零下二三十摄氏度，那风不是吹过来的，而是像刀那样割过来，砍过来。即使躲在日伪时期“归屯并户”留下的废弃茅屋里，大家也得抱在一起相互取暖。夜晚伏击，必须相互提醒不能打盹，否则一觉睡过去，人就会被冻僵，再也醒不过来。走在路上，枪不能用手拿，只能像搂孩子那样搂在怀里；用手拿着枪，枪很快就与手冻在一起，想要掰开，得生生撕下一层皮来。

母亲讲过一个故事，说有一次在一个小村庄，她带领游击队与傅作义部队的几个兵突然相遇，双方都愣住了，可谁也不敢开枪，只能眼睁睁地望着对方，各自慢慢地向后退。我们问她为什么？她说天太冷，枪栓和子弹都被冻住了，这时谁开枪谁倒霉。因为开枪必定炸膛，到时子弹没飞出去，自己先被炸死了，谁会那么傻？

临近年关，县委跟着分区部队向南挺进，到达邻县隆化一个叫小庙子的地方。分区政委谢明要围场的干部返回去打游击，母亲当即站出来反对。母亲说：“围场现在由国民党中央军和傅作义的部队重兵把守，把我们几十个人，几十条破破烂烂的枪留下来打游击，不是以卵击石，让我们白白去送死吗？再说，这里冰天雪地，天寒地冻，没有藏身之地，

不像我们南方，村子里待不住还可以上山，我们不被敌人打死，也会被活活冻死。分区领导怎么可以在这个时候不顾地方干部的死活？”

分区政委听见这席话，以为母亲在他面前摆老资格，拒不执行他的命令，于是黑下脸说：“黄代芳同志，你这是什么奇怪理论，难道只有南方才能打游击吗？”分区另外一个负责人也跟着指责我母亲说：“黄代芳同志，别以为你是老大姐，就可以目无领导，当初省委给你发电报要你走，你不走，现在让你留，你又不留，究竟是什么意思？”

忍无可忍，母亲毫不客气地回答说：“你们以为我怕死对吗？告诉你们，我都是死过多少回的人了，不在乎再死一次。我是不愿看到围场这些好不容易保存下来的干部，和我一块去死。说得严重点，我这是对中央负责，对省委负责，对围场的未来负责。至于对我个人，你们可以说我不执行命令，说我死皮赖脸，说我什么都行。”

母亲一次次据理力争，话说得中肯、尖锐，有胆有识，体现出一个老共产党员在关键时刻从容不迫、敢于挺身而出的气魄。分区政委和司令员一时语塞，隐隐感到她说得有道理。事情明摆着，他们是分区的主力部队，是地方干部和武装的主心骨，如果扔下这些地方同志不管，将来给革命造成损失，这责任由谁来负？

后来，围场县委书记和县长证实母亲的意见就是县委的意见，这场剑拔弩张的争论才宣告结束。分区政委和司令员不得不收回决定，同意把围场的干部都带上，但还是给了母亲一个处分，理由是她公然顶撞领导，给他们扣下个地方干部不管的大帽子。

这是母亲参加革命二十年来，第一次受到组织处分，可她心里坦然，无怨无悔，甚至觉得是对自己的奖赏。毕竟在最艰难的时候，把围场的同志都带了出来，把县里的火种保存了下来，这比什么都值啊！

没过几天，母亲他们跟着分区部队，安全撤到了平北老革命根据地喜峰岔村。听说我母亲来了，住在村里的冀热察辽军区刘道生司令员特地来看望她。刘司令员握着母亲的手，高兴地叫着她的真实名字说：“蹇先任同志，你们坚持把县里的干部带出来，做得非常对。他们是党的宝贝啊！如果把他们留下，以他们那么微弱的力量与敌人对抗，最终肯定都会被杀害，以后我们再解放围场就连个向导都找不到了。执行中央的精神也应该机动灵活嘛，不能生搬硬套。”又说：“分区给你的处分应该撤销，动不动就惩罚自己的同志，乱弹琴！”

在母亲的处分被撤销的那天，她又见到了分区政委谢明和司令员钟辉，两人诚恳地向她道歉。母亲说：“道什么歉，我确实顶撞了领导，你们处分我是对的，都是为了革命嘛。”说完，三个人哈哈大笑。

话说回来，母亲他们离开围场，实属无奈之举。几十年后她不无自责地对我说，当队伍上路的时候，看见围场笼罩在一片沉沉的夜色中，她心里就像刀割那么难受，如同又丢了一个孩子一般。不过她当时想：不，这不算完，总有一天我还要回到围场来。

母亲说，围场这片土地，她今生今世没齿难忘、刻骨铭心！

（本文选自《光明日报》）

记父亲赵光炬

文 / 赵庆雅

前右为赵光炬同志

我的父亲是一个有七十三年党龄的老共产党员。他这一生经历了战火纷飞的琼崖抗日战争和海南解放战争，还经历了海南解放后的社会主义初期建设和改革开放后的经济大发展建设。我的父亲是一个平凡的人，他漫长的人生岁月，如同一支默默燃烧的蜡烛，既没有烟花绽放的壮丽，也没有霓虹灯闪烁的绚丽。但那束发自他内心的光亮，足以照亮他和他身边的人们。

少年启蒙遇良师

父亲于 1915 年 1 月出生于海南岛东方县（今东方市）四更镇英显村一个农民家庭，排行老四，祖父按村里赵氏辈分为父亲起名为赵廷补。祖父在我父亲五岁那年就去世了。从此，年幼的赵廷补由他的兄长抚养长大。幼年丧父的赵廷补在童年的时候就非常懂事，六七岁时就开始为家里做一些力所能及的事，放牛是他主要的劳作。当他年龄稍长时，比他年长十多岁的二哥就靠干农活攒集的钱送他到村里的小学识字。少年赵廷补知道家庭经济十分困难，非常珍惜能够读书识字的机会，他一边读书一边放牛，刻苦勤奋的学习，之后考入了昌江第三高级小学（简称“昌江三高”）。

在昌江三高，父亲遇到了他人生中第一个思想启蒙者——共产党人刘开汉（昌江县早期革命活动家）。刘开汉毕业于广州中山大学，他以办教育为名进行反帝反封建的革命宣传活动，昌江三高是他宣传革命的阵地之一。

1931 年春，刘开汉转到昌江第一高级小学当教员（简称“昌江一高”），同

时还当上国民党的教育局局长。父亲也随着转到昌江一高读书。此时的刘开汉仍然一边教学，一边在学生中传播革命思想。

1931年秋，刘开汉由于在学生中宣传革命，受到国民党右派的攻讦，昌江国民党当局撤免了他教育局局长的职位，昌江一高也辞退了他。刘开汉虽然被国民党撤免教育局局长的职位，但他的才学和正义感在昌江、感城深得民心。

1932年春，父亲的家乡英显村聘请刘开汉到英显小学当教员，父亲又随着转学到英显小学继续他的学业。刘开汉到英显小学任教后，仍坚持在学生中进行革命宣传，还在英显村召开群众大会发表演说宣传反帝反封建的革命思想。刘开汉慷慨激昂的演说给少年赵廷补留下深刻的印象，从此他开始关注政治和关心中华民族的振兴，可以说共产党人刘开汉是父亲少年时代的启蒙良师。1932年9月，刘开汉组织英显小学全校师生开展纪念九一八事变一周年的抗日活动，父亲和同学们一起积极出墙报，宣传抗日救国。同年11月，为纪念孙中山诞辰六十六周年，刘开汉组织学生游行示威。父亲是这次游行示威活动的学生组织者，他在刘开汉的领导下，发动学生参加游行，并带领浩浩荡荡的学生队伍走过十个村庄，他们每走过一个村庄就高呼口号，反对国民党对日本侵占中国采取不抵抗政策。村民们都纷纷观看和支持学生的游行示威活动。这次游行示威活动震惊了昌江国民党当局，以刘开汉公开搞“赤化”为由要抓捕他，刘开汉被迫离开昌江。但是他传播的革命思想在昌江青少年中留下深刻的印象，点燃了许多青少年心中的革命火花，少年赵廷补便是其中之一。

父亲在晚年的时候还念念不忘他少年时代的思想启蒙者——共产党人刘开汉。

抗战烽烟中的青春

1937年的夏天，对父亲来说是一个不寻常的夏天。

那年夏天，中共琼崖西南临委书记杨启安到英显村活动，同村的地下共产党员赵郑农介绍父亲认识了杨启安。赵郑农与父亲都是刘开汉的学生，曾经一起参加刘开汉领导的学生游行示威活动。

这个时期到英显村活动的共产党员还有马白山，经过地下党组织的考核，父亲在这年的夏天成为英显村党支部的一名地下党员。父亲和赵郑农等人在英显村小学以教书为掩护，他们像刘开汉当年一样，把学校作为传播革命火种的阵地，在学生中发展共产党员。这年父亲二十二岁，从这一年开始，父亲投身于中共琼崖特委领导的艰苦卓绝的琼崖革命斗争。从这一年开始，他的一生都奉献给了他从青少年时代就孜孜寻求并认定的共产主义信念，他的内心深处永远有一个不灭的火花，因此，青年赵廷补在参加革命多年后将他的名字改为赵光炬。

秋天的时候，父亲参加了由中共昌感县委领导的统一战线公开组织“昌江县民众抗敌后援会”“小学教师抗敌同志会”。这个时期，父亲还与马秋江、王业熹等共产党员编辑出版了《战垒》刊物进行抗日宣传。

1939年2月10日，日军三千多人在军舰、飞机的掩护下，在琼山县（今海口市琼山区）天尾港强行登陆，当天就占领了海口、府城。之后，长驱直入，

《马列主义研究提纲》

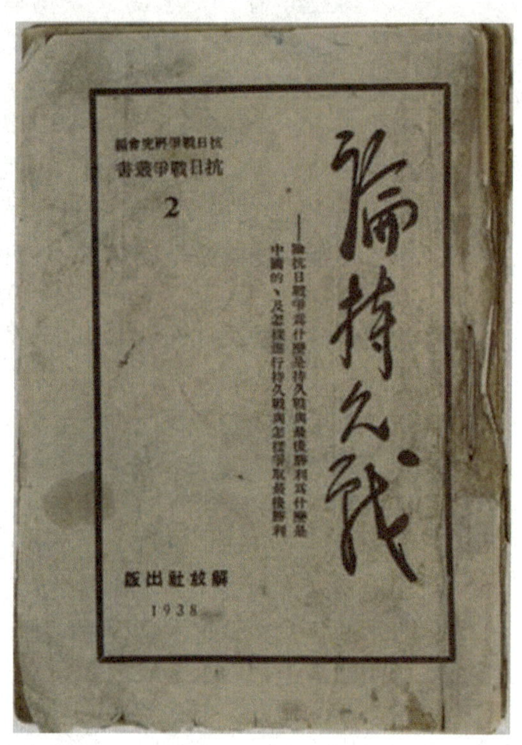

《论持久战》封面

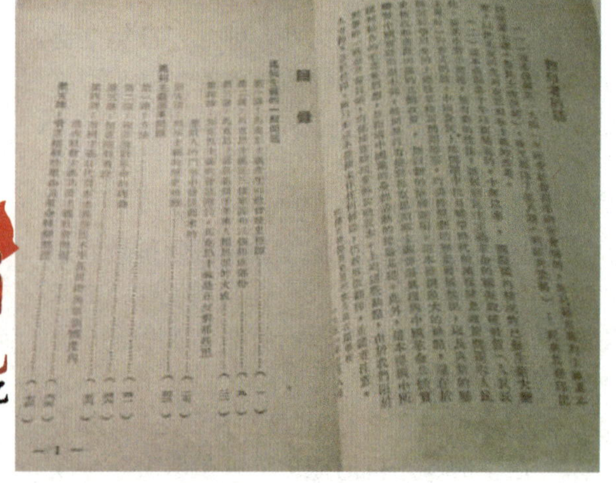

向琼岛纵深推进。2月14日，日本海军第五舰队攻占了三亚、榆林。6月下旬，日军占领了昌江、感城县城及琼西南的一些重镇。琼西南地区是海南资源最丰富的地区，昌江石碌的矿产和昌感地区沿海的海产都成为日军掠夺的目标。日军在琼西南地区的村庄进行了大“扫荡”，见人就杀，见物就抢，见屋就烧，还在占领区建立了傀儡政权——伪维持会。日军的残暴和汉奸的助纣为虐，使琼西南的百姓生活在水深火热之中。

日军在昌江人口最多的四更村建立溪南伪维持会，并通过溪南伪维持会控制昌化江以南的地区。维持会长董必安是一个执迷不悟的汉奸，他带领日军“扫荡”村庄，为日本人强行征收苛捐杂税，无恶不作，民愤极大。

1940年初，中共琼崖西南临委根据琼崖特委的指示从儋县（今儋州市）搬迁到英显村，直接领导昌江、感城两县及琼西南沿海的抗日游击队在敌后展开斗争。中共琼崖西南临委和昌感县委为了打开沿海敌占区的工作局面，决定要铲除董必安这个汉奸。

时任昌感县委书记的黄清霞和父亲（时任昌感县委委员、宣传部部长）向琼崖独立总队第四大队张开泰和史丹报告了董必安的情况，之后大家一起研究部署袭击溪南伪维持会的行动。经反复研究决定：由四大队长张开泰带领突击队执行这次铲除汉奸的战斗任务。父亲是四更镇英显村人，熟悉四更村的情况，因此也参加了突击队行动。这次锄奸行动计划是：先由四大队派出史伯龄、史振和两位同志（两个小队长）由内线掩护潜入维持会内部袭击董必安，再由张开泰带领驳壳班从外面进攻。行动计划确定后，在一个漆黑的夜晚父亲和赵郑农同志带领突击队潜入四更村中埋伏。第二天上午，史伯龄、史振和在内线的掩护下顺利潜入伪维持会内部。午时，四大队的驳壳班排头兵打死了维持会门外的哨兵，紧接着父亲和张开泰大队长带驳壳班随后接应。史伯龄、史振和听到门外打死哨兵的枪声后，立即在维持会内部开枪击毙汉奸维持会会长董必安等七个汉奸。战斗持续的时间很短，史伯龄、史振和两位突击队员在这次战斗中，由于孤兵深入未能在击毙董必安后撤出，最后壮烈牺牲。这次锄奸行动，是昌感县委和四大队联合打击日伪汉奸嚣张气焰的关键性战斗，以最小的伤亡打出琼崖抗日独立总队第四大队的威名。

董必安被击毙后，日军又先后在四更村物色了两个维持会长，但都被昌感县委和四大队铲除了，日军不得不放弃四更村这个据点。

1940年夏，陈克文同志接任昌感县县委书记，父亲任县委副书记。8月的时候，日军在新街建立昌江县伪维持会，日军找了一个老秀才当维持会长。这个老秀才吸取董必安的教训，不敢行凶作恶，也不敢公开“反共”。昌感县委抓住老秀才的弱点，派人潜入昌江县维持会进行地下工作，暗中掌控了维持会的活动，并通过这个维持会在墩头、新街地区进行征税，甚至新街的伪商会也成了征收对象，这些征收的税款都被秘密用于抗日。

铲除董必安战斗后，父亲被昌感县委派往美合根据地特委党校第一期学习班学习。

父亲在他的回忆录中，记述了他参加美合党校第一期培训班的故事。我从父亲参加美合党校第一期培训班的故事中，感受到冯白驹与琼崖特委在抗战时期为坚持长期抗战的运筹帷幄。

美合党校是琼崖特委根据中共中央书记处 1940 年 1 月 26 日《对琼崖工作的指示》中提出“开办大规模干部学校”，为培养一批党政军干部坚持长期抗战而设立的培训基地，冯白驹任校长。特委党校第一期学习班的学员四十多人，有来自琼东北各县、西路各县派出的同志。除少数超过三十岁外，大多是二十来岁或不到二十岁的青年。他们都是朝气蓬勃、壮志满怀的琼崖革命战士，都是经历过抗战烽火考验的中坚分子。和父亲同期参加特委第一期党校的学员中有谢志德、吴浪渡、王惠琴、黄秋英等人，这几个人都是学习委员会和学员党支部成员，父亲任学委会主任兼党支部书记。这批学员都有强烈的愿望：学习掌握中国共产党的思想理论，更好的长期坚持敌后的抗日斗争。

冯白驹在第一期党校的开学典礼上做了重要的讲话。父亲回忆说，冯白驹神采奕奕地走上讲台，作了热情洋溢的讲话：“美合根据地刚刚建立，特委就决定开办党校……特委这次集中同志们到党校学习的根本目的就是培养政治理论干部，组织领导群众进行抗战……这对坚持长期抗战，争取最后胜利具有重大意义……”冯白驹同志还对参加培训的学员描绘了建立敌后根据地的远景：“……组织群众发展生产，增加收入，改善生活；根据地的荒地荒坡很多，又肥沃，降雨量较多，有计划地逐步开展生产运动，推动根据地群众积极发展生产，尽可能种植蔬菜、杂粮。发展畜牧业，养猪、养鸡鸭等，争取逐步自给。”

美合党校为琼崖抗战培养了一批中坚干部，党校第一期学习班的学习时间约两个多月。父亲回忆说，当年特委党校选用的教材主要有《马列主义提纲》《党的基本建设》《民运工作》《论持久战》《抗日民族统一战线》。毛泽东《中国革命战争的战略问题》《游击战争的战略问题》是学员必读文章。党校的教员都是从中央党校和抗大学习回来的，其中有广东省委派遣来援助琼崖抗战并任琼崖特委常委的欧照汉同志。

美合党校和后来创办的琼崖公学对琼崖革命事业的发展具有非常重要的意义。父亲在特委党校接受的培训和学习的革命理论，对他在抗战期间的工作起到了很大的指导作用。

1940 年庄田同志受中共中央派遣到琼崖援助抗战并于 9 月初到达琼崖特委驻地。庄田同志到达琼崖特委后传达了中共中央对琼崖抗战工作的具体指示，其中包括：建立以冯白驹为领导核心的琼崖特委集体领导，巩固和扩大抗日民主统一战线，发展农工商业，征收抗日捐税，开办各种学校，培养大批干部等指示。庄田同志所传达的中共中央指示精神很快就下达到各县委。11 月，琼崖特委在文昌县（今文昌市）成立了第一个县级抗日民主政权——文昌县抗日民主政府。

1940 年 12 月“美合事变”后，昌感县委与特委之间的交通联系比较困难。昌感县委根据新的形势确定：1941 年工作重点是建立抗日民主政权，建立统一战线团结广大民众共同抵御日军，领导群众发展地方武装。并参照从美合党校带回的陕北抗日民主政府减租减息文件的精神，在昌感实行减租减息、废除旧

债，开展税收，动员少数民族参加抗战等工作。

1941 年 5 月，昌感县委成立了昌江县江南区抗日民主政府，赵光炬担任党代表。这是抗战时期第一个在少数民族地区成立的抗日民主政权，实际管辖范围是昌江县大半部。

1941 年 7 月，昌感县委成立东方峒民族工作委员会，黎族人士容兴中、文考兴等当选委员，这又是抗战时期第一个有少数民族参与的抗日统战工作委员会。

1941 年 11 月，琼崖特委派出的巡视团到昌感县委传达琼崖特委第三次执委会精神和决定。特委巡视团与昌感县委决定成立县级抗日民主政权——昌江县抗日民主政府。12 月，昌感县委在大新村召开全县各界人民代表会议，宣告成立昌江县抗日民主政府。县政府实行民主选举，父亲当选为县长，文烈当选为副县长。并在辖区里成立了昌江县一区和昌江县三区民主政府，区府下设立乡，先后成立八个乡，每个乡几乎都成立群众团体，如青抗会、妇救会和儿童团等。自从昌江县抗日民主政府成立后，当年二十六岁的父亲领导各区抗日民主政权及各级区、乡青抗会、妇救会、儿童团等群众团体支持抗日，打恶锄奸，摧毁敌伪维持会。

1941 年秋，第三支队因战略需要东调到琼文与万宁地区。昌感地区没有了主力部队。昌感县委和昌江县抗日民主政府通过已经建立的各区抗日民主政权发动群众捐钱买枪。很快就买了三百多支长短枪，并组织起地方武装队伍。先是成立了县警卫排，之后又建立了短枪队和不脱产的武装自卫队。

1942 年秋，昌感县委在原昌江县东方峒民族工作委员会的基础上成立少数民族特别区抗日民主政府（同时撤销东方峒民族工作委员会），黎族人士容兴中担任副区长。少数民族特别区抗日民主政府成立后，统一领导昌江县内的少数民族乡组织抗日自卫队参与抗日斗争，还在尖峰岭山区建立了敌后根据地。

为了加快开展少数民族特别区的抗日工作，父亲经常深入少数民族特别区发动少数民族参加抗战。1943 年的一天，父亲和昌感县新荣乡乡长符绍儒两人到黎族居住的罗旺村发动民众支持抗日。符绍儒是昌感县新荣乡土地村人，父亲在土地村开展工作时在符绍儒家住了一年多，两人之间情同兄弟。符绍儒曾经以教书为职先后在几个黎寨教书近十年，深谙黎族同胞的生活习俗和风俗习惯，会讲一口流利的黎语。因此，符绍儒经常随父亲到黎族村庄开展工作。他们每逢到黎族村庄工作时，就住宿在村民搭建的草寮里。罗旺村的黎族村民在父亲和符绍儒的发动下，群情激奋，一鼓作气捉拿了为虎作伥的汉奸。但两个狡猾的汉奸在押解的途中趁夜色逃脱了。次日拂晓，大批日军在这两个汉奸的带领下，荷枪实弹地包围了罗旺村。当时罗旺村的人们刚刚起床，面对突然而来的变故，父亲和符绍儒从草寮里冲出，马上指挥村民突围。父亲带领黎族群众冲出了日军的包围，但符绍儒为掩护突围不幸被日军抓获杀害。父亲对这些在战争时期牺牲的战友总是怀有深深的缅怀之情，中华人民共和国成立后他经常回到革命老区看望战友的遗孀和当年支持抗战的革命群众。

经过艰苦持久的斗争，昌、感、崖

沿海和山区从西到东、从北到南的一小块、一小块的抗日根据地终于连接成一大片攻不可破的琼西南抗日根据地。

随着抗日根据地的扩大，琼崖特委先后成立昌感联县抗日民主政府、昌感崖联县抗日民主政府，父亲历任昌感联县抗日民主政府县长、昌感崖联县抗日民主政府县长等职务。十四年抗战，父亲的足迹踏遍昌、感、崖等沿海地区和少数民族居住的山区。

解放战争时期，琼崖南区临委和琼崖南区地委相继成立，父亲历任昌感县县委书记兼县长、南区地委委员及昌江县县委书记兼县长、南区地委书记兼琼纵五总队政委。

父亲在战火纷飞的抗日战争和解放战争中度过了他的青春岁月，他的人生目标越来越执着，他的革命信仰越来越坚定。即使在以后数十年的人生岁月里，父亲也从未偏离他在青年时参加中国共产党的初衷。

两袖清风　勤政于民

1950 年 5 月 1 日，海南解放了。父亲和许多琼崖纵队的战友们都面临着新的革命征程。此后，父亲倾注全部精力投入建设海南的工作中，他的后半辈子与海南岛的建设和发展息息相关。

1952 年海南黎族苗族自治区地委成立，组织上委派父亲担任自治区地委第一任书记兼政府副主席。任劳任怨的父亲毫不犹豫地放弃在海口市相对优越的生活，投身于自治区（后改为自治州）的筹建工作。自治州州委和州政府选址位于五指山脉的通什镇（现更名为五指山市）。自治州建设初期，工作艰巨，生活艰苦，百业待兴。交通、通信、医疗、教育等基础建设都是从零开始。

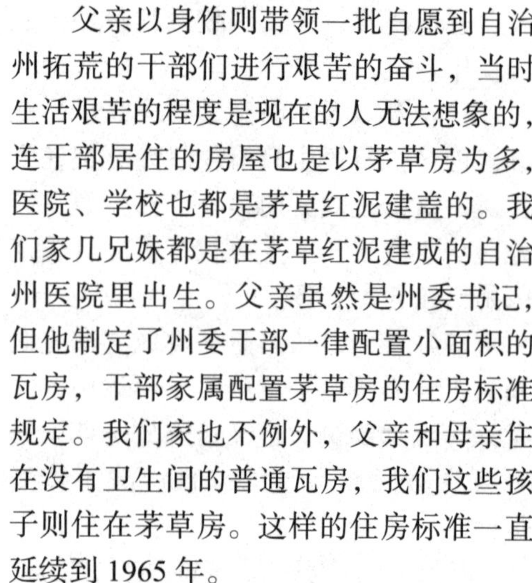

父亲以身作则带领一批自愿到自治州拓荒的干部们进行艰苦的奋斗，当时生活艰苦的程度是现在的人无法想象的，连干部居住的房屋也是以茅草房为多，医院、学校也都是茅草红泥建盖的。我们家几兄妹都是在茅草红泥建成的自治州医院里出生。父亲虽然是州委书记，但他制定了州委干部一律配置小面积的瓦房，干部家属配置茅草房的住房标准规定。我们家也不例外，父亲和母亲住在没有卫生间的普通瓦房，我们这些孩子则住在茅草房。这样的住房标准一直延续到 1965 年。

20 世纪 50 年代初，五指山腹地的黎族地区保留着一些原始社会氏族制的遗迹，生产模式多为“合亩制”。几乎每一个生产各环节都是原始方式。自治州成立后，对父亲来说，引导自治州的黎族、苗族群众结束刀耕火种的生产方式是一件非常重要的工作。

1954 年 10 月，自治州第一个黎族合作社——番茅合作社成立了。这是一个只有五十多人组成的黎族合作社，但它标志着黎族群众从“合亩制”的低级生产模式进入高级化生产模式。因此，番茅合作社成立的那天，身为州委书记的父亲亲自到场鼓励入社的黎族社员。番茅合作社成立后，自治区专门派技术员到番茅指导水稻种植。第一次的水稻大丰收对黎族地区的生产方式起到了很好的示范作用。

父亲自 1952 年至 1966 年担任自治州州委书记前后十多年的时间，奔波于自治州的农业生产与水利建设；跋涉于黎村苗寨之间；组织建设了一批基础工业；医疗、教育等行业也从无到有。第一批随父亲到通什镇拓荒的自治州基层

干部的生活终于可以步入安居状态。医院、学校、电影院也相继用水泥和砖瓦盖建起来。许多在今天的人看似平常的生活物资，在当年物资匮乏的年代却是那样的珍贵。而父亲作为一个州委书记，他全力以赴所做的工作就是解决百姓的衣食住行问题。他所操心的事在今天许多人的眼中似乎都不是大事：如县与县之间的道路修通了、黎村苗寨用上电灯了、某个县的水利通渠了、台风过后农场橡胶林的损失、农场工人的生活是否改善、农贸市场的蔬菜供应是否正常，等等，这些都是父亲需要关注的。

在我儿时的记忆中，父亲总是那样的忙碌，他长期的忙碌使得我们一家人聚少离多。父亲对我们这些孩子是甩手派，我们兄弟姐妹从小就被送到不同的寄宿学校。我被送到的寄宿学校早期也是茅草遮顶红泥为墙的教室和宿舍，流淌的溪流则是我们天然的浴场。数年后我们的学校才建起瓦房。这些童年的记忆永远埋藏在我的内心深处，每每想起这些，总能感受到父亲当年筹建自治州时工作的艰辛和面临的种种困难。

历尽沧桑　重踏征途

1966年5月，席卷全国的“文革”开始了。

1967年，父亲以自治州最大的“走资派”身份被打倒。此后，父亲经历了一次又一次大大小小的批斗，从1967年底至1972年10月被关押长达五年多的时间不能与家里人见面。但身陷囹圄的父亲一直坚信党和人民群众，他以坚韧的毅力对待这场突如其来的运动，他相信总有一天党和国家会拨乱反正。在这些年，许多有正义感和了解父亲为人的干部和群众，想出各种方法来保护父亲。有一天，父亲的琼纵老战友、时任通什军分区副政委的吴方定叔叔，获悉“造反派”密谋在第二天的批斗会上将要打死父亲，便当机立断带着两名警卫员开着部队的军用吉普车，闯进“造反派”驻地，以提审为借口将父亲“抢”出来，带到部队营区保护起来，父亲这才得以保存性命。但吴方定叔叔却因此受到牵连，也成了被打倒的对象。老战友这种肝胆相照的友谊支撑父亲度过了那段艰难的岁月。

1973年3月广东省委为父亲平反并恢复名誉。同年4月，广东省委安排父亲重返自治州工作。

父亲重返自治州工作即面临一大堆棘手的问题。一些曾经反对过父亲的人，对父亲官复原职产生了思想顾虑。一位曾经批斗过父亲的基层干部，为了表示对父亲的歉意，经常会送一些水果和食品给父亲，但每次都被父亲婉言谢绝。这位基层干部见父亲不收他所送的食物，更加忐忑不安，思想顾虑更重。父亲不得不与这位干部进行坦诚的谈话，告诉他放下思想包袱好好工作。父亲坦荡的胸怀和实际行动终于打消了这个干部的思想顾虑。

重新回到工作岗位的父亲，马不停蹄地投入工作，平反了“文革”遗留的问题，稳定社会秩序，为恢复工农业建设创造条件。

1987年国务院决定撤销自治州，为海南建省创造前提条件。海南建省工委根据国务院的指示，委派父亲负责撤销自治州的工作重任。由于父亲长期在自治州工作，了解许多自治州干部的工作情况和思想顾虑，他耐心地对自治州干部做深入细致的思想工作，解释中央撤

1954 年黎区第一个合作社——番茅初级农业生产合作社成立

销自治州后仍保留的民族自治政策，圆满地完成国务院撤销自治州的工作重任。父亲此生与自治州的创建与撤销息息相关，他所做的一切都极为不易，他三进自治州已成为海南政治与经济发展的写照。

夕阳余晖　老骥伏枥

1988 年父亲离休后，他不但没有赋闲在家颐养晚年，而是继续为海南建设发挥余热。他联系五名德高望重的省级离休老干部，联名向省委、省政府倡议成立海南省老区建设促进会，省委、省政府主要领导很快批准了成立海南省老区建设促进会，父亲被推选为第一届老促会常务副理事长。此后十多年父亲比离休前更忙碌了。他虽年事已高，但仍身体力行深入老区调查群众生活情况。有一次，父亲在深入老区调查的时候突然晕倒被送到医院抢救，我从广州赶回海口到医院看望父亲时曾劝父亲不要再忙碌了，父亲不但没有听从我的劝告反而批评了我。父亲病愈出院后又继续坚持老区建设的工作。他通过调查了解到全省老区有八千七百三十四个自然村在饮水、用电、交通、教育等方面存在的困难非常突出。为了帮助老区群众脱贫，父亲亲自出马筹集资金，他给省委、省政府领导写信、写报告，为民请愿，要求省里各部门支持老区建设。在父亲和老同志们的努力下，终于争取到专项资金为老区脱贫。现在全省 90% 以上的老区村庄通了公路，95% 的农户通了电，85% 农户饮上卫生水。民族山区有十八万多户农户住上新瓦房，老区农村的医疗条件也有所改善。

除了老促会的工作外，父亲还担任海南省关心下一代工作委员会顾问、海南省老干部协会会长等职位，他永远有做不完的事。

父亲一生克己奉公，尽管他身居要职，却两袖清风。他生活简朴，从不追求奢华。他热爱海南，情系海南，为海南的今与昔做出了应有的贡献。

父亲常告诫我们对工作要努力，对生活要知足。

我们从父亲那里得到此生最珍贵的财物是精神财富，感谢父亲。

（本文选自南海出版公司《琼崖红色记忆》）

1983 年马白山与在琼西南战斗过的老战友的合影。前排左起：赵郑农、史丹、马白山、陈岩。后排左起：文度、赵光炬、林诗耀、文谦受

永不消逝的电波
——忆李白同志

口述/申　毅　整理/贾晓明

李　白

今年是我党通信战线和情报战线的无名英雄李白同志一百周年诞辰。中华人民共和国成立前，我们在延安中央军委三局总台党组担任联络敌占区我地下党电台的工作，那时我们还不到二十岁，李白同志是我的前辈，由于我们都师从王诤同志，李白同志就是我们的“师兄”。如今我们已经是八十多岁的人了，负责党组的唐士吉同志也已经九十多岁了。每当我们十几个当年一起工作的同志聚会，我们都会回忆起那段岁月，都会不约而同地回忆起我们曾亲耳接收的来自李白同志的那永不消逝的电波。

从战士到地下工作者

七七事变后，党中央计划在国民政府所在地南京建立通信电台，军委三局根据中央的这一计划，决定派遣李白赴南京负责这一工作。虽然李白希望上前线，但他毕竟是一位具有高度组织原则的共产党员，服从了组织的调动。李白来到云阳镇中央军委前敌总指挥部，三局局长王诤向他详尽地交代了去南京的任务和工作性质。一起到西安后，王诤向即将前往南京同国民党举行谈判的博古介绍了李白的情况。随后，李白与博古一同乘火车东进。

火车到徐州，他们换车沿津浦线到达南京，但由于种种原因，设台的计划未能实现。上海党组织与党中央的秘密电台原由田保洪担任报务，因上级准备另行安排田保洪的工作，故调遣李白接替他。这样，李白遂又奉命转到上海。

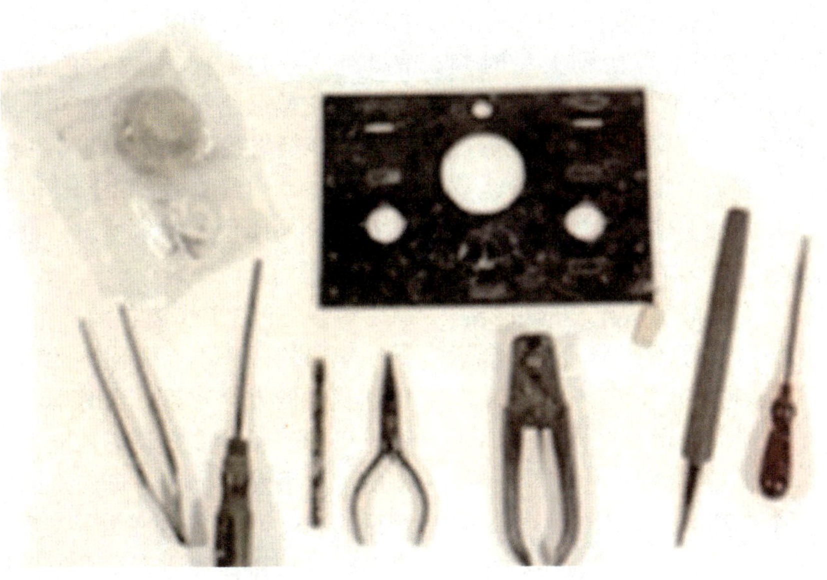

李白生前使用的电台零件和修理电台的工具

10 月 10 日下午，李白由南京抵达上海，化名李霞在旅馆住下来。八路军驻沪办事处的刘少文派王少春专门负责与李白联络。几天后，王少春、机务员涂作潮和报务员田保洪分别来旅馆用暗号接上关系。

根据地下工作的原则和特点，李白必须另觅地方设立电台。淞沪会战后，租界外围的居民纷纷涌入租界，致使房屋供不应求。组织上经过多方努力，终于向一位姓单的医生借到贝勒路（现黄陂路）一百四十八号三楼一个约十平方米的房间。单医生与李克农、王少春是同乡，同情革命。这是一座位于两路交叉处的临街房子，底楼为单姓医生的诊所，二楼和三楼均为单家住房。电台设于此，论环境并不理想，不仅声音大，且与崇山法国巡捕房邻近。

因为李白长期在部队战斗生活，突然要他转变成一名地下工作者，他感到有些为难，其坚定的革命态度一时无法完全掩饰——见到有钱有势的人便报以不屑的态度；遇到乞讨者，便会毫不犹豫地慷慨解囊，很多次都是身无分文地回来。党组织认为李白必须有一个熟悉环境的时间，在一段时间内没有给他安排工作。李白虽然也试着改变自己，蓄起头发，着长衫，穿皮鞋。然而，他的举止神态，还是显得与“身份”不符。长期的“安定”生活也让李白感到不适，他再三向组织上要求迅速开展工作。一次，王少春来转交组织上拨给他的生活费，李白对他说：“我们的战友都在前方流血、打仗，我竟在这个花花世界安然度日。王二哥，你完全清楚，工作、战斗，我是为此而来的！”刘少文得知这些情况后，既肯定了他对工作的迫切心情，又指出他不够谨慎的方面，对他做思想工作说：“搞地下工作，尤其需要胆量与智慧的结合。”经过与同志们的谈心，李白认真检讨了自己的行为，迅速融入上海社会。一年以后，当李白和后来成为他夫人的裘慧英接头时，他的装束、神情已经完全与初到上海时判若两人。裘慧英的第一感觉是大失所望，因为李白头发梳得溜光，皮鞋擦得锃亮，穿着只有资本家才穿的长袍，戴着眼镜，清瘦的脸上略带着几分让人捉摸不透的感觉。碰面后，裘慧英放心不下，又去找领导上海工运斗争的市委副书记马纯古问："看了不像个同志，会不会有错？"马纯古笑着说："你别瞎起疑心了，要是叫人看出是个同志，那还得了？"

这样，李白和裘慧英以"夫妻"的身份开始了工作。但是，裘慧英对这一切都感到极不习惯，悄悄跑回工厂。李白知道后对裘慧英说："我们现在的工作环境和条件虽然变了，但是性质没有变，甚至更为重要了。从表面上看，工作似乎单调、枯燥，而我们收发的每一个信号都与整个革命事业有关，所以干这一行就得有高度的责任心，有甘当无名英雄的精神才行。"他还担当起培训新地下工作者的任务，有时裘慧英出去遛遛，李白就教育说："这怎么行？装什么就像什么！这一带都是有钱人，谁这么早去遛马路呢？"

李白对革命的忠诚打动了裘慧英，从此，两人一起工作，配合默契。无线通信工作需要高度集中的精神和娴熟的技术，所以每当李白一戴上耳机，就完全沉浸在电波中。为了他的安全，裘慧英主动地担当起警卫工作。为了不让裘慧英寂寞，李白就在业余时间教裘慧英学习发报。工作顺利进行着，两个人的感情也更加深了。经组织批准，两人正式结婚。

李白虽然身居上海已经多年，也"改变"了很多，但依然保持着红军时期的本色——过着极其俭朴的生活，把省下的钱交给联络员。除了过年，李白夫妇都是淡饭粗茶，有时也调剂一下生活，到剧场看李白最喜爱的京剧，但每次都买最廉价的座位。偶尔外出，也是以步代车。

边工作边学习

李白的任务不仅要侦察敌情，更要传达我党的方针政策。当时李白除收发密电以外，还要抄收新华社电讯。毛泽东的《放手发展抗日力量，抵抗反共顽固派的进攻》《团结到底》等文章，通过李白抄录传播到我地下党手中，并迅速传播到广大民众之中。

在一切筹备工作就绪后，李白终于开始了他久违的工作。虽然和延安的联络取得了成功，但如何克服夜间声音传播和电波干扰的问题摆在了李白面前。电台发报时，住在附近的人如收听广播，会听到电波干扰声；收报时，在波长相同的地方又听到感应声。特别是使用大功率的电台，这种情况更为严重。为了解决这些弊端，李白就在工作的时候，挂上双层深色窗帘，将二十五瓦的灯泡换成五瓦的，再蒙上一块布，然后在电键下面垫一张纸片，以减轻声响。收发报机是用收音机改制的，他将功率从五十瓦调低到十五瓦。然而，十五瓦机发出的信号，经过空中各种电波的干扰，等传到延安几乎就消失了。他反复试验、研究，最后选定在空间干扰和敌人侦探相对减少的凌晨零点至四点为联络时间。李白虽有娴熟的报务技术，但没有系统学过机务修理，因此当机器发生故障的时候，不得不停止工作，需联络涂作潮，经修理后才能继续工作。

一次，一个邻居指着背工具包的涂作潮问李白："他是谁？"李白回答说是："修电灯的。"邻居却问："你们家的电灯怎么这么容易坏呀？"这句话提醒了李白。为了不延误工作并加强保密措施，李白向组织上提出学习机务技术的要求。龚饮冰十分赞成他的这一意见。

1940年冬，威海卫路三百三十八号新开张了一家"福声无线电公司"，此公司的老板是涂作潮，作为店员的李白和裘慧英迁到无线电公司的楼上居住。白天，李白在涂作潮的指教下，安装、修理无线电收音机，夜间继续收发电报。涂作潮对工作一丝不苟，但性格外向，有时因为李白弄坏了一个小小的零件而大声训斥他，事后再向李白道歉。李白总是说："你是老板，我是店员，还是学徒，出于这种关系的需要应该这样。"

1942年夏，为改变工作条件，李白夫妇移居到属于爱国人士、时任《新闻日报》总编辑许彦飞的房子里。

抗日战争期间两陷囹圄

太平洋战争爆发后，日军进入租界，加紧破坏我党的地下组织，并用无线电测向仪侦测我党电台。1942年农历八月十四日，李白、裘慧英不幸被捕。一个月后，敌人没有得到任何东西，只得将裘慧英释放。裘慧英出狱的时候，龚饮冰、王一知、涂作潮等已撤离上海。龚饮冰临行前，将营救李白的工作嘱托给许彦飞和从事情报工作的张建石。

李白继续被囚禁，他任凭敌人严刑逼供，一口咬定是为商业投机而私设的电台。当时上海各种投机商十分猖獗，敌人又无法掌握确切的证据。经党组织积极营救，张建石的朋友张建良（打入敌人内部的我党情报人员）通过党外人士张子羽与敌人上层人物的某种特殊关系，迫使"七十六号"同意释放李白。释放前，"七十六号"提出须有殷实的铺保和释放后不得离开上海的条件。后经许彦飞出面多方联系，终于由其朋友开设的酒店作保获释。

李白获释后，党组织为了他的安全，暂不给他安排工作。为了解决身份和生活问题，许彦飞又邀几位朋友集资开设了一家"良友糖果商店"，雇李白为店员。在没有"工作"的这些日子里，已经变成一名优秀地下工作者的李白，没有任何急躁情绪，将商店管理得井井有条，在业余时间与父母家人通信。他在信中提到"在外面多年，虽未有半点成就，但所交朋友对我都是很亲近的"。对于家人要他回家的要求，他以"我在外是有固定职业的，平时无论何人都不准请假……即使公司里能准许请假，甚至准许退职返乡，但家乡是否可有我生活和一切的保障呢"为由予以婉拒。这些信件，从侧面表达了他对党的事业、地下工作的无限忠诚。

李白的等待终于有了结果。1944年秋的一天，李白在静安寺与早已打入国民党军事委员会"国际问题研究所"（简称"国研"）一位我情报人员接头。这位"国研"情报人员随即向李白介绍说，"国研"内已经有谈宗和、陈曼云、陈建邦等多名我方人员打入，这个名义上是国民党的情报机关实际上被我党所控制。近来，"国研"要在浙江淳安设立一部电台，需要报务员，我党决定趁此机会派他打入"国研"，利用敌人的电台传送党所需要的情报。李白当即愉快地接受了任务。

10月，李白和裘慧英在这位同志的

陪同下到达杭州，与谈宗和、张建石、陈建邦等乘坐通过一个在日本某机关工作的人的关系弄来的一辆汽车到达富阳，再搭船到达淳安县。

李白到达后急切地希望与延安取得联络。但县城里没有照明电，发报时只能用人工手摇发电机，且发电功率很小，周围又有高山，对电波起了屏蔽作用，经多次努力，依然无法实现联络，致使电台无法与延安接通。没有完成党交给的任务，李白的心情十分压抑。

不久，李白又奉命将电台转移到浙江场口镇外一个乡村，改为与上海地下党电台秘密联络。这次李白取得了成功：敌方情报源源不断传到上海，经过上海地下党中转，这些情报终于传到延安。

然而，好景不长。场口周边时常发生国民党各派武装火并，有一次险些将李白的电台击毁。由于安全原因，“国研”决定撤销场口电台，调李白回淳安陈曼云管理的电台工作。春末，李白带了收发报机乘上一艘交通船，到达淳安时，被一队国民党兵拦截搜查。敌人很快就发现了收发报机。李白从身上掏出一张“国研”设场口电台的证明，但是敌人说这张证明是过期的，把李白逮捕了。李白断定敌人要从自己的行动中找出破绽是绝对不可能的，对此泰然处之。第二天，由“国研”出具证明，李白获释，被调遣到“国研”设置在江西铅山县霞落街祝家巷二号的电台工作。

为了党和人民战斗到最后一刻

在国共和谈期间，我党在上海的情报部门收集到大量国民党破坏和谈、部署内战的证据，需要及时传送到延安。于是，组织上决定派李白回上海继续从事与党中央的通讯联络工作。在此之前，关于李白是否适宜留在上海的问题，党组织非常慎重，因为按规定被捕过的同志按原则可以回解放区工作。最后决定委托刘人寿征求李白的意见。李白明确地表示：“党需要我留上海，我绝对服从！”

组织上为了李白和电台的安全，采取了一些措施。李白夫妇居住在“国研”上海分所的职工宿舍，楼下住的是打入“国研”的我党情报工作者潘子康、何复基夫妇，他们负责掩护电台。为了避免

1946 年 1 月，儿子出生三十五天，李白全家合影于上海

李白在上海时的故居

引起敌人的注意，李白取得了海洋渔业公司修理渔业电器设备的公开职业。渔船修理处位于上海东北端的复兴岛，李白每天用于往返途中的时间就有两个多小时，一天工作下来后，常常还要在夜晚进行长达三四个小时的通报。由于长年累月、夜以继日地工作，李白的两鬓过早地出现了几丝白发，额头、眼角添上几道深深的皱纹。党组织为他的身体担忧，曾多次委托陈曼云关照他要劳逸结合，但李白说："公开的职业既是从事地下斗争的需要，又是为党节省经费开支的一个办法。我还可以趁这些机会学到更多的无线电技术。这真是件一举多得的好事啊。至于身体我是从小就吃惯了苦的，所以不必为我担心。"

不但平时，就连星期天，李白也从不休息，研究无线电技术，从早上搞到中午，夫人裘慧英叫他吃饭，每次李白总是说："你和孩子先吃吧。"说着就继续钻研。有时搞到晚上很晚，才幽默地对夫人说："我研究的东西成功了，你把饭多烧些，把中午的饭和晚上的饭让我一起吃。"

1946 年夏，敌情日益严峻，张唯一、陈曼云等先后撤离上海，刘人寿接替张唯一领导电台的工作。由于经济状况不佳，李白也失去了工作。环境的日趋恶化和失去职业的掩护，都没有使李白产生情绪变化，他依然对革命工作激情不减。

1948 年 9 月，解放战争开始进入决战时刻，我上海情报部门获取了大量敌军兵力部署以及敌海军将黄金运往台湾等重要情报。李白的工作量骤然增加，但他依然忘我地工作着。此时，敌人开始注意我方电台的活动，采取分区停电、暗中抄收信号等手法，妄图破获我党的地下通信网。李白在发报过程中，频频被中途停电所困扰。

鉴于危险迫近，党组织决定建立预备电台，以替换李白的电台。到 1948 年底，李白协助预备电台与党中央取得了联络。1948 年 12 月 29 日深夜，李白正在给延安发一份非常重要的国民党绝密江防计划，敌人已经来到李白住所的周围。正在发报的李白听到一阵敲门声，他立即意识到问题的严重性，于是飞速把一份电报发完。他发完电报把电文稿撕碎丢入抽水马桶冲走，而后将天线、机器拆散藏于壁橱里，并吩咐夫人裘慧英把三岁的儿子送到楼下潘子康家。

李白被捕后，经受了高官厚禄的利诱，遭受了酷刑的逼供，但他始终坚贞不屈、顽强抗敌，敌人始终没有能够从他口中得到一点想要的信息。

1949 年 5 月 7 日夜晚，毛森根据蒋介石亲批的"坚不吐实，处以极刑"的指令，将李白押至浦东戚家庙杀害。为了中国人民的解放事业，李白在狱中始终严守党的重大机密，保护了党组织，保护了同志，特别是保护了党的预备电台，使党的预备电台与党中央一直联络到上海解放。李白不愧为中国共产党的优秀党员，不愧为我党情报战线和通信战线的英雄，他用自己的鲜血和生命为抗日战争和解放战争作出了重要贡献，永远值得后人怀念。

（本文作于 2010 年，选自《纵横》）

抗联虎将史忠恒

文/张　慧

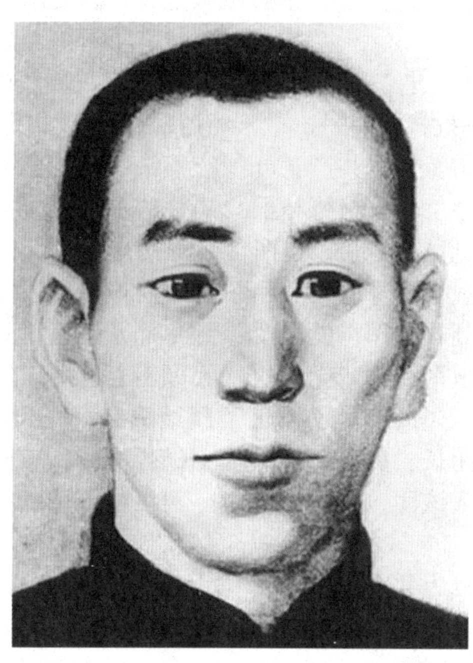

史忠恒

1931年10月，九一八事变刚刚过去不久，日本帝国主义的魔爪就向东北的腹地伸来。一天，两名日军打着修路测绘的幌子，强行闯入驻扎在延吉翁声砬子东北陆军第十三混成旅第七团三营的防区。名义上测绘地图，实际上却旁若无人地窥探三营的炮位。此情景，激怒了一位身材魁梧，粗眉大眼，纯朴中透着刚毅，憨厚中隐着精明的青年。他找来几个反日会会员，对他们说："日本人欺负到家门口了，我们天天想抗日，今天该动真格的了。先收拾了那两个来测绘的日本鬼子，怎么样？"看到大家有些犹豫，他接着说："你们有家有业都不容易，如果不想干，我自己干。我情愿作战死鬼，也不愿当亡国奴。”短短几句肺腑之言，感染了几个反日会会员。于是，在这名青年的带领下，他们袭击了日军测绘队，击毙了一名测绘队长和一名队员。

这名热血青年就是几年后威震敌胆的“常胜将军”——东北抗联二军二师师长史忠恒。他是吉林省永吉人，当时只是“老三营”一名小小的班长，但此次袭击搞间谍活动的日本测绘队事件，进一步坚定了“老三营”营长王德林率部抗日的决心。

1931 年 11 月 23 日“老三营”正式打起了抗日的旗帜，称抗日救国军。

1932 年，中共东满特委派共产党员李延禄等人到救国军中工作。王德林虽然不知道李延禄共产党员的身份，但两人曾有旧交，他很赏识李延禄的人品和才干，因此李延禄一到救国军，就被授予参谋长的重任。救国军在共产党人的帮助下，发展很快，不久又组建了补充团，李延禄兼任该团团长。史忠恒被从救国军总队抽出来编入该团，升任第九连副连长。

为使补充团早日成为共产党直接领导的抗日武装，李延禄经常深入兵营与士兵谈心，向他们宣传党的抗日主张，并在士兵中选拔骨干，培养党的积极分子，史忠恒就是培养对象之一。

一天，史忠恒找到李延禄，低声打听共产党需要什么样的人，怎样才能加入共产党。李延禄微笑着对他说：“共产党人要的是坚决抗日、救国救民、不怕吃苦、不怕掉脑袋。就说眼前打鬼子吧，不光要勇敢，还要不怕危险。”不等李延禄说完，史忠恒早已按捺不住内心的激动，涨红了脸，紧紧抓住李延禄的手，说：“我可以，我可以，我不怕苦，不怕死。”望着这个好青年，李延禄十分高兴，赞许地点点头，由衷地笑了。

1932 年 2 月 20 日，救国军决定攻打敦化县城。该城北邻额穆，东连安图，南近桦甸，是重要的军事要地。因此敌人对该城的防卫相当严密，易守难攻。补充团在此次战斗中负责攻打东大门。21 日，战斗打响，面对敌人疯狂的机枪封锁，补充团伤亡较大。团长李延禄十分焦急，问史忠恒有没有什么办法。史忠恒看了看前面敌人的阵地，对李延禄说：“现在最要紧的是炸掉敌人的机枪！让我去吧，我一定能完成任务。”李延禄点点头：“小心点儿，战斗能不能打胜就看你的了。”

史忠恒拿起一包炸药迎着呼啸的子弹，向城墙爬去。突然，肩部一阵剧烈地疼痛，鲜血瞬间渗透了棉衣。可他早已顾不上这些，在敌人机枪喘息的间隙，猛地蹿起，冲到城下，迅速放好炸药，点燃导火索，敏捷地向旁边一滚，随着一声巨响，城墙塌下一个大口子。史忠恒从地上爬起来第一个冲进城内，挥舞大刀一阵激烈的拼杀，城头上的守敌四散而逃，城门大开，补充团官兵蜂拥而入拿下了东大门，为救国军大部队打开了一条通路。接着史忠恒将一筐手榴弹挂在脖子上，带领敢死队冲向日军警备队和伪警察署。他一个接着一个扔着手榴弹，奋勇当先。士兵们呼喊着紧跟后面，激战一小时，共击毙五十多名日军和百余名伪军。余敌向西方溃逃，救国军占领了敦化。不久，史忠恒因在战场上的勇猛表现升任了第九连连长。

史忠恒在战场上不仅无所畏惧、骁

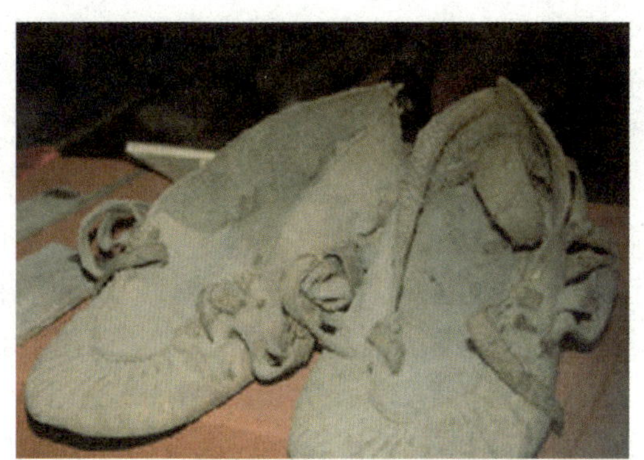

抗联战士当年穿过的鞋子

抗联战士当年使用的武器

抗联战士当年使用过的物品

勇善战，而且能够随机应变，在战斗的变化中捕捉战机。1932年3月，在李延禄等共产党人的周密部署下，史忠恒带领九连战士在零五号阵地上，打响了镜泊湖“墙缝”战斗的第一枪。随着史忠恒的第一声枪响，补充团七百勇士飞下山崖的手榴弹在冰封的牡丹江岸上炸响。毫无防备的日军被打得乱成一团。战斗持续了数小时，歼敌千余人。但为了防止敌人反扑，保存我军实力，保留好补充团这支我党领导的抗日武装，李延禄决定见好就收，撤出战斗。听到撤退的消息，史忠恒匆匆从零五号阵地上下来赶到指挥部，要求再坚持一些时间，哪怕挪挪地方也要将这些残兵败将收拾利索。望着满脸汗水和尘土，眼里因胜利而迸发出兴奋光彩的史忠恒，豁然激起李延禄攻打第二回合的想法。于是，他命作战参谋李延平和史忠恒两人勘察地形，分析敌情，制定了“火烧松乙沟，追歼残敌”的作战方案。三天之后，日军在松乙沟遭到救国军的再次伏击，使镜泊湖战斗连续进行，战果进一步扩大。抗日救国军补充团从此威名大振。这次战斗后，史忠恒被升为第三营营长，人称“史营”。

抗日救国军的节节胜利，极大地振奋了民众的抗日热情，同时也引起了日军的疯狂“围剿”与镇压。1932年12月，日军广濑第十师团派出第八旅团由日酋园部率领一个联队集结掖河（今铁岭河地区），12月31日又派出一支部队从磨刀石北面迂回占领代马沟。1933年1月，日军在大炮的配合下，向救国军驻地穆棱县（今穆棱市）磨刀石一带发起猛攻。史营埋伏在一个土山包上，黑压压的敌人像蚂蚁一样向山包涌来。当日军刺刀上的太阳旗红白分明可见时，史忠恒一声令下，轻机枪、手榴弹、手枪，万弹齐发，连续打退了敌人的三次进攻。战斗间隙，史忠恒挨个检查工事，对筋疲力尽的战士说：“弟兄们，你们都是硬汉子，小鬼子就怕硬汉。我们打退了他三次，他还会扑过来。眼下我们只有打到底，坚持到天黑就是胜利。”话音刚落，一阵猛烈的炮火扫向小孤山包。史忠恒对战士说：“节省子弹，靠近打。”不久，子弹、手榴弹都打光了。史忠恒果断地率领战士们冲出掩体，猛虎下山般杀向敌人，日军又一次败下阵来。天黑以后，史营突出重围，奉命向五虎林方向转移。

1933年年初，补充团改编为共产党直接领导的抗日游击总队，史忠恒为三团团长。在李延禄等共产党员的影响帮助下，史忠恒思想进步很快。他终于成为一名真正的共产党员，这更加坚定了他抗日救国的决心。

战场上的史忠恒虎虎生威，屡战屡胜，令敌人闻风丧胆，束手无策。于是，他们又想利用高官厚禄、金钱美女等拉拢这个疆场上的硬汉。1935年秋，东满日军司令及伪军第七旅旅长派间岛军管区贾参谋当说客去劝降史忠恒。贾参谋亮出一副不忘关心旧日好友的派头，先是恭维，接着便大谈升官发财之道，保他当个师长，预支军费两万元。史忠恒冷冷地说：“我是穷苦人，不想升官，也发不了财，你还是去别处谈生意经吧。要想不让我抗日，除非身首异处。”面对正气凛然的史忠恒，贾参谋只得灰溜溜地回去复命了。

1936年，东北抗日战争出现了大好局面。同年3月，为了加强东满地区的

抗日斗争和抗联二军的领导力量，史忠恒带领部队调入抗联第二军第二师，史忠恒担任师长。二师远离二军总部，依然转战于牡丹江上游宁安、汪清、敦化、东宁等地。

1936年10月的一天，狂风怒吼，大雪飞扬，一列满载“围剿”抗联的日军列车在佳图线上疾驰。接近峡谷老松岭时列车放慢了速度。此处，铁路线穿山而过，两侧山高林密，抗联部队经常在此设伏，袭击日军列车。胆战心惊的日军军官小雄正一见此处地形险要，忙命令停车，派一队日本兵前去侦察，确认安全之后，才命列车继续向前行进。眼看列车就要驶出老松岭，小雄正一紧绷的面部神经慢慢松弛下来。突然，爆炸声四起，顿时火光冲天，刚刚起速的列车猛地瘫痪在路基上。周围枪声和喊杀声震荡着整个老松岭。

史忠恒从铁路东侧山峰后一跃而起，高举手中枪，大声喊道：“同志们冲啊！”率先扑向敌人，引起了敌人密集火力的袭击，他双腿中弹，瘫坐在地上，战士们急忙上前，可他忍着疼痛用力推开战友，大声喊道：“不要管我，杀敌要紧。”就在这时，又一颗子弹击中了他的腹部，他昏倒在战场上。被激怒的战士们高呼着：“为师长报仇啊！”不顾一切地冲向敌人。

战斗胜利结束了，可战士们却没有胜利的欢欣与喜悦。他们抬着昏迷不醒的师长，心情格外沉重。他们不相信与他们朝夕相处、同甘共苦的师长就这样倒下，不相信无论多么艰苦恶劣条件下都乐观向上的笑脸就这样在他们眼前消失。他们相信奇迹，只有他们师长才能创造的奇迹：1933年宁安八道河子伏击战中，这奇迹不就出现了吗！他们的师长左臂中弹，腹部、腿部多处被炸伤。令人惊奇的是，几个月后，他又气宇轩昂地回到了他们身边。1935年老爷岭遭遇战中，师长也是几处挂彩，危在旦夕，不也奇迹般的复原了吗！奇迹一定会出现，战士们期盼着，期盼着他们的师长能像以往一样战胜死神。然而，这一次史忠恒却未能再醒来，他永远离开了与他同生共死的战友，永远长眠在了他浴血奋战、誓死守护的东北大地上。

硝烟未散，英雄长眠。巍巍老松岭上应竖起烈士的丰碑，让这丰碑激励千千万万的中华儿女守我国土、护我家园，让这丰碑与白山黑水同在，与日月同辉！

（本文由牡丹江市博物馆和烈士纪念馆管理处供稿）

红色商人邱秉衡

文/陈　耿

邱秉衡

海口市竹林村的邱宅，是一座对海南极富意义的老宅，这里举行过中共琼崖“一大”会议，是琼崖革命武装斗争二十三年红旗不倒的精神源泉，这里永存着宅子故主邱秉衡在琼崖革命运动中的功绩。

这位邱家公子年轻时就热心于革命，他不是一名共产党员，但一生都在从事共产党领导下的革命和建设事业；他奉献邱宅作为革命活动的秘密场所，并以商人的身份作掩护，为琼崖纵队运送枪支弹药，支援抗日救国运动。中华人民共和国成立后，作为民主爱国人士的邱秉衡，全心全意地投入国家的建设事业。

1926年6月的一天，在海口竹林村的邱家大院里，中国共产党琼崖第一次代表大会在这里秘密召开。这次会议之所以在这里召开，是因为得到了邱家少东家邱秉衡的支持。邱秉衡对共产党的支持，不只是这次海南革命史上具有特别意义的会议，还有此后的许多帮助。

盐商儿子为何支持革命

1921年，中国共产党成立的那一年，海口盐商邱爵一的长子、十八岁的邱秉衡进入广东省立第六师范学校（即琼台师范）读书。邱秉衡仗义疏财，广交朋友。他在琼台读书期间，经常邀请同学，尤其是那些受五四启蒙思想影响较大的进步分子，到竹林村的家里聚会。

邱家的店铺“聚益号”位于新华北

路（今三十三号位置），一家人平时都住在那里，方便生活和做买卖；竹林村的家是一座四合院，1920年建好后，家人很少正式居住，所以给邱秉衡与同学聚会提供了方便。

1926年6月，邱秉衡甚至将竹林村的豪宅腾出来，供中共琼崖一大开会之用，自己还承担起联络、放哨等任务。在他的帮助下，会议选举产生了“中国共产党琼崖地方委员会”（简称“中共琼崖地委”）领导机构，王文明任地委书记，其他委员分别是罗汉、冯平、许侠夫、陈垂斌、黄昌炜、罗文淹、柯嘉予、何德裕、李爱春、陈三华（女）、周逸和陈德华。

《中国共产党海口历史》对中共琼崖一大的召开，评价甚高：“中国共产党琼崖第一次代表大会在海口的召开和中共琼崖地委的成立，是琼崖人民革命斗争史上具有划时代意义的重大事件。从此，琼崖民主革命事业有了一个坚强的领导核心。府海地区也成为大革命时期中共琼崖地方组织开展革命活动的中心。”

琼崖一大之后，竹林村邱宅继续作为琼崖共产党人的活动场所，特别是1927年第一次国共合作破裂之后，邱秉衡仍然将邱宅作为共产党活动的秘密联系据点，并出资雇人收埋烈士遗体。

青少年时期的邱秉衡，正值轰轰烈烈的五四运动和反帝反封建的大革命时期，他为什么会选择站在共产党的立场？是谁影响了他呢？从党史资料看邱秉衡是受早年参加革命的舅舅叶文龙的影响。

琼台学子中曾涌现出一些为我国民主革命抛洒热血的先驱，如杨善集、王文明、冯平、许侠夫、陈垂斌和周士第等，这六人当中除了周士第外，其余五人都是中共琼崖一大的代表，而按年龄，这些人都是邱秉衡的学长。受他们影响，邱秉衡接受进步民主思想，认同共产党的宗旨，便在情理之中了。

但是，邱秉衡出钱出力支持共产党开展革命活动，一度给家人带来不安。邱秉衡的父亲知道儿子私下里资助共产党，与国民党顽固势力分庭抗礼后，心里十分惧怕，曾经表示反对。后来由于邱秉衡态度坚定，加上在上海大同大学读过书，其父亲觉得他见过大世面，这般选择应该不会有错，渐渐也就认可了。

邱家店铺曾是军火中转站

邱宅周边都是竹林、水田和墓地，地点非常隐蔽；在南面不远处，隔着水田可以望见国民党的海口总部，也就是今天的大同宾馆的位置，这里从未被国民党特务发现过，所以邱宅能够成为共产党活动的据点。

除了竹林村的邱宅，邱家在新华北路的“聚益号”店铺，也是共产党人经常出没的地方。当年，店铺后面有条小溪直通海甸河，邱家的货物便是用小船直接运到店铺后方卸下。当然，那也是帮助共产党运送军火的通道，店铺里也常有共产党领导人留宿。

邱秉衡完全接手店铺生意后，更加大胆地协助共产党从事地下活动。南渡江东岸灵山地区的林诗耀、王海等革命者，当时就曾多次亲自或派人到店中取走军火。在生活物资方面，邱秉衡也慷慨相送，共产党缺什么，他就给什么。

在海南岛西南部从事革命活动的史丹，也曾获得邱秉衡的资助，购买枪支弹药，武装昌感地区（今东方、昌江）

冯白驹

1954 年，邱秉衡（右二）带着儿女去府城参观琼台师范学院

邱秉衡将邱家老宅提供给琼崖党组织做秘密活动的场所

的农民革命队伍。

巧妙营救陈德华、冯白驹

邱秉衡社会活动能力很强，善于跟三教九流打交道，这使得他在关键时刻能够做成非常之事。

1927年，蒋介石发动四一二反革命政变，国民党琼崖当局在海口策应，杀害了大批共产党人。琼崖地委委员、国民党琼山县党部书记长李爱春英勇就义，地委委员（后来的组织部部长）陈德华被国民党抓捕入狱，邱秉衡毅然出面担保其出狱，并用商船送到湛江，然后陈德华转道香港，脱险后安全抵达上海。

邱秉衡解救陈德华出狱之事，曾经引起国民党当局的怀疑，多次被传唤审问，但他都机智地以经商为借口，对答如流，滴水不漏，致使营救行动始终保密。

时至今日，陈德华的女儿陈好英，每次见到邱秉衡的子女，总会由衷地感谢他们的父亲。

1937年，琼崖国共两党进行抗日谈判时，冯白驹被背信弃义的国民党当局逮捕。这时，邱秉衡又积极配合琼崖特委，联合海口商界人士和海外侨胞联合上书，抗议国民党当局的卑鄙行径。后来，党中央、周恩来直接向蒋介石交涉，冯白驹于当年12月获释，继续作为中共琼崖特委的全权代表与国民党谈判。

十二个子女皆受高等教育

邱秉衡的一生充满了传奇色彩，也是一个十分乐意奉献的人。他不但将自己的家园、店铺作为共产党的活动场所，以此来掩护革命人士，在经济上也大力支持，而不谈任何回报。1950年海南解放后，他甚至将竹林村邱宅无偿地交给政府使用。

1950年，邱秉衡还送自己的女儿邱宏芳加入志愿军，参加抗美援朝战争。当年海口的参战人员中，女兵只有两名，邱宏芳便是其中一位，那年她也就十七岁。邱宏芳在战场上还荣立了二等功。

1954年，邱秉衡又积极配合资本主义商业的社会主义改造，带头将手上的资产悉数贡献出来。

邱秉衡曾先后当选为海口市的第一届、第二届副市长，分管文化教育工作，海口戏院便是在他任职期间建起来的。

在子女心目中，邱秉衡是一个非常注重教育的人，他养育了七男五女，每个人都接受过高等教育，没有重男轻女的倾向；即使是转业后的邱宏芳，后来也进入大学深造。

尽管在中华人民共和国成立初期，身为海口市副市长的邱秉衡工作很忙碌，但只要一有时间，他总会陪伴孩子们读书、郊游，并经常带孩子回母校琼台师范，重温往日的青春激情和美好记忆，教育子女们珍惜当下的生活。

（本文选自《海南日报》）

忆白晋战役中的南关战斗

文 / 郑国仲

郑国仲（1913—1992 年），湖北黄安（今红安）人。1929 年参军，在红一军任过排长。抗战时期任八路军一二九师三八五旅七六九团团长，晋冀鲁豫野战军三纵九旅旅长，纵队副司令员，十一军副军长，海军青岛基地副司令员，海军训练基地司令员、海军东海舰队司令员、海军副司令员。1955 年被授予少将军衔。

1939 年，日军对我太行等抗日根据地的“扫荡”失败之后，于 1940 年初，转而加紧修筑铁路、公路，沿途设点筑堡，妄图以铁路为柱，公路为链，碉堡为锁，层层围困、分割和封锁，以便进行更大规模的分区反复“扫荡”，遂行其所谓“囚笼”政策。

在冀南平原，日军依托平汉路向东扩张，相继筑成石家庄至南宫、内丘至巨鹿、邢台至威县、邯郸至大名等公路干线及许多支线。我冀南根据地被分割为若干小块。敌方还计划修筑联结平汉、津浦两大动脉的德石铁路以及邯郸至长治的铁路。在太行、太岳山区，敌人加紧修筑白（圭）晋（城）铁路，企图将太行、太岳山区劈为两半。尔后，再准备修筑临（汾）邯（郸）路，即可将太行、太岳山区划成一个“田”字形，分割成四块。同时，在平汉线西侧亦积极修筑据点与公路，封锁我太行、冀南间的交通，妄想缩小我军活动范围，截断我各区之间的相互支援，以便分区反复“扫荡”，达到摧毁我抗日根据地之目的。

我一二九师刘伯承师长、邓小平政委深入研究了敌人的企图，号召全区军民“面向交通线”。并提出了主力军、地方军和广大人民群众相结合，重点破击与全面破击、大破击与经常性的小破击相结合，展开交通斗争。

为了破坏敌人修筑白晋路的计划，1940 年 5 月初，刘师长、邓政委指挥太行、太岳军区部队进行了著名的白晋战役。

这次战役的具体部署是：以师特务团和部分地方武装，破击祁县东观至来远段；以三八五旅、平汉纵队主力与晋

冀豫边纵队一团、三团破击来远至武乡权店段，并夺取南关镇敌之军用物资；以三八六旅及决死队第一纵队破击权店至沁县的段柳村段。战役于5日发起，各破击队在两万余群众的大力协助下，在南北一百余公里的铁路线上，展开了声势浩大的破袭作战，勇猛地袭击白晋沿线的沁县、固义、漳源、权店、南关以及来远各据点之敌。各破路部队在广大群众的积极配合和大力支持下，炸桥梁、翻火车、搬铁轨、烧枕木、破路基，将日军经营一年的白晋路破坏了五十余公里，炸毁大小桥梁五十余座，火车五列。毙伤敌七百余名，粉碎了日军的“囚笼”政策。

一

白晋战役中最漂亮的一仗是南关战斗。

南关，是武乡、祁县、平遥三个县交界处的一个大镇，它是出入上党的要塞，也是白晋路之咽喉。日军在镇上存放着大量的炸药等军用物资，是一个较大的供给站。镇上还关押着日军从河北、山东抓来的一千多名修路民工。总之，南关是日军侵占我晋东南地区的一个重要据点，也是套在我太行、太岳区锁链上的一把大锁。因此，攻打南关镇就成为白晋战役突出的重点。

1940年5月2日下午2时，三八五旅陈锡联旅长给我打电话，要我同鲍先志同志马上到旅部驻地西黄岩村。从我们的驻地到西黄岩村不到十公里，我和鲍先志带了两个警卫员，四人骑马，一路小跑约半小时就赶到了。陈旅长站在门口，见到我们一边笑一边说：“嘿！你们来得还真不慢啊！”我立即迎上去说：“有任务，就请首长下命令吧！”陈旅长一手拉着鲍先志，另一只手拍了拍我的肩膀说：“你这个家伙，就知道要任务。”我们边说边笑走进了陈旅长住的土窑洞里。陈旅长让我俩坐下，还给我们一人倒了一碗水，然后对我笑着说：“老郑，这回交给你一块肥肉，看你能不能咽得下。”我说：“我这个人生来就爱吃肥肉。什么任务？何时行动？”陈旅长接过我的话说：“同志，莫急，心急是吃不了热豆腐的。这块肥肉可不好往下咽哟。”从他的话语中，我俩都预感到这次任务的重要性。接着他向我们详细地交代了刘、邓首长决心破袭白晋路，给敌以沉重打击的作战部署。同时，把攻打南关这一重任交给了三八五旅七六九团。那时我任该团团长，鲍先志同志任政治委员。陈旅长反复说明了攻打敌重镇州菊关对白晋战役全局的重要性，并向我们介绍了驻守南关敌军的力量和部署。

日军深知南关战略位置之重要，派了一个加强中队两百余名日军，外加两百余名伪军，由阴险、残暴的日军中队长峰正荣率领驻守。陈旅长接着说：“现在问题的关键是要遵照刘、邓首长的指示，打好这一仗。既要完成任务，又要打得干脆、利落。要勇敢加智慧，多动脑子，多想办法。对于这次战斗的左、右邻的配合，以及战斗的接合部，你们就不要考虑了。你们的任务就是要坚决拿下南关镇，消灭峰正荣。你们回去可以先研究一下，明天上午，听候作战科的命令。明午后，郑国仲同你们团三个营的营长，一律换上便衣，到指定的集结地集中。我们一起去侦察一下地形，然后，再制定具体的战斗方案。”

我和鲍政委于傍晚赶回了团驻地。晚饭后，团的几个主要领导聚在一起交换了意见，并决定第二天上午，由鲍政委主持召开团军政委员会，进行初步研究和讨论。

3日午饭后，我换上便衣的时候，换了装的一营营长李德生，光着头、挽着裤脚，一头闯进来说："团长，你看我像不像一个当地的老乡？"我笑着说："我看你像一个憨小子。"接着三营营长马忠全和二营营长张天恕也穿着便衣走了进来，我们四个人说说笑笑走出了村。

按预定时间，我们来到了集结地点，只见在我们右面的山坡上走下来四五名手拿镰刀、肩扛扁担的老乡。走在前面的男子身材魁梧，头戴一顶旧草帽，身穿灰布褂子，一眼看去就知道是陈旅长。跟在他身后的是作战参谋铁夫同志。同他们拉开一小段距离的是另一位参谋和两个警卫员。5月的天气，虽然还不是很热，但是，这天的天空连一点云彩也没有，加上我们都是迎着太阳赶路，所以大家的头上都已冒出了汗珠。陈旅长走过来，一边用手帕擦汗水，一边指着前面的一个突出山峰说："前面的山峰就是大官寨。大官寨那一面的山脚下就是南关镇。"

大官寨位于南关镇西侧，横在我们的面前，显得很突出。我们按预定的路线向大官寨方向行进。开始，我们沿着一条干河沟行走，陈旅长一边走，一边向二位营长仔细询问部队的情绪、训练和最近入伍的一批新战士的情况，李德生等三位同志一一做了回答。陈旅长说："你们要特别注意关心新战士的生活，尽快提高他们的军事素质。"接着我们沿着一条弯弯曲曲的羊肠小道，爬上了一个小坡地。陈旅长说："战国的时候，这里是赵国的地盘，赵国的都城在邯郸。那时南关就是一个很重要的关口。同大官

在山西白晋战役中被俘的日军召开学习小组会

寨相接的是秦五坡，为什么叫秦五坡，是不是赵国同秦国在这里打过仗，我没有根据。战后，你们谁有兴趣的话，可以去考证一番。”他又指着高低起伏的山峰、纵横交错的沟壑说：“这里真是打游击的好地方。日军机动能力强，但是，只要把他引进这山沟里，他的机动能力就难以发挥，优势就会变成劣势，就会变成一个拐子。再加上敌人是侵略者，没有群众基础，人地两生，拐子又成了盲人。盲人骑瞎马，没有不失败的。”大家听了都很兴奋。

我们翻过小高地，又穿过一条干河沟，来到了大官寨的山脚下。稍稍休息之后，我们九人分成三路，顺着山凹处，沿着山石一步一步向上攀登。大约一个小时后，我们登上了大官寨的顶峰。借着丛丛灌木的掩护，我们选择好地形，用望远镜详细地进行观察，这里完全可以鸟瞰整个南关镇。

南关镇果然名不虚传，地势十分险要，全镇四面环山，白晋路由北向南穿街而过。西面和西北面有两条河川在西北处交接，河水虽然不大，但是，由于沟壑交错，地面狭窄，部队无法运动。镇北云盖山的前面有两个突出的高地，高地的上下都筑有碉堡，居高临下，视野开阔，便于发挥火力。火车站位于两突出高地之间，部队难以靠近。陈旅长指着两个突出高地的碉堡对我说：“不控制这两个碉堡的火力，部队无论从哪一个方向都无法进到镇内。”云盖山的对面和左侧有秦五坡和极子山，山下有两个碉堡，火力交叉，部队由此突入，必然会造成大的伤亡。加之经我军几次袭击，敌防卫更加严密，铁丝网、封锁沟交叉纵横更增加了我军进攻的困难。

陈旅长一边认真细致地观察，一边指示两个参谋画草图，详细地记下了每条山路、每个碉堡的位置，火力交叉的情况，甚至连南关镇的巷道、主要房屋也做了标记。我也详细地观察和记住了每一个部位。侦察完后，在返回驻地的路上，陈旅长一言不发，可以看得出他心里很沉重，我也感到这块“肥肉”确实不大好咽。快到我们团驻地的时候，夜幕已快降临。陈旅长说：“你们回去好好研究一下，明天一定要拿出具体的战斗方案来。”随后，陈旅长等一行五人，返回西黄岩村。

二

我们返回驻地，已近晚 8 点了。我的心里很不踏实，鲍政委看到我坐立不安，劝慰我说：“地形复杂吧，同志，不要着急，没有过不去的河，也没有翻不过的山，不信这么个小堺坎能把我们的老郑难住。”听鲍政委一说，看着他沉着、老练的神态，我的心绪宁静了一些。尽管跑了一下午，肚子饿得咕咕直响，但是警卫员把晚饭端来后，我一点也不想吃。鲍政委又走过来开玩笑说：“伙计，你要不吃饭，峰正荣可高兴了。”我说：“他要是高兴呀，我非多吃几碗不可。”

吃了一碗饭，我立即同鲍政委、王远芬参谋长、作战股长和三个营长反复进行研究，我们设想了几种打法，但是又都否定了。经过反复思考，我觉得靠强攻是难以奏效的。我对大家说：“如果强攻，从外一层一层往里剥，既要花费很长时间，又容易增大我军伤亡。好在不考虑左、右邻，也不必担心敌人的增援，无后顾之忧，否则，这种打法，后果更不堪设想。”鲍政委接过我的话说：“强攻不行，那就考虑智取嘛。”可“智”在哪里呢？大家一时都想不出好办法来。这时李德生坐在一旁一言不发，张天恕、马忠全两人指着地图在争论。正当他俩争论得互不相让的时候，李德生插进一言说：“能不能采用潜伏的办法？”李德生这么一提醒，我一拍脑门凑过去说：“有门。”听我一说有门，张天恕和马忠全立即停止了争论。我说：“我们可以组织一个突击队，从秦五坡和极子山下两个碉堡之间悄悄摸进去，潜伏到镇内，然后腹地开花。”鲍政委把烟斗一放说：“这样就等于从敌人的肋骨之间插进一把钢刀，可以直刺敌人的心脏，出其不意，置敌于死地。”根据这一想法，大家又提出，再组织一部分兵力，集中火力，控制敌人外围碉堡的火力支援，然后由外向里打。这样就等于揭掉了敌人头上的“天灵盖”，剥了他的皮。大家越研究越深入，直至兵力的部署，火力的配置，潜伏路线，突击方向都进行了研究和讨论。至此，我心里才踏实下来。一看表已是凌晨3点，我让三个营长先回去休息，鲍政委、王参谋长和我又在一些细节方面做了补充，作战股长画出了战斗部署图。说来也怪，刚才还一点睡意也没有，可这会儿眼皮直打架。鲍政委站起来说：“咱们都休息一会吧。”我的身子一贴土炕就进入了梦乡。不知什么响动把我惊了一下，多年的战斗生涯，使我养成了一种习惯，不论多累、多困，只要听见一点动静，睡意就立刻消逝。我爬起一看，放在炕上的一盏油灯还在一闪一闪地亮着，外面已经发亮，院子里有人在轻轻地走动。原来是住在隔壁的警卫员的起床声把我惊醒了。我还未走出窑洞门口，就听见警卫员小王说：“叫你动作轻一些，你还是毛手毛脚，看把团长惊醒了吧。”我推门走到院子里，警卫员小李把舌头一伸就跑了出去。

这时，一阵清脆的电话铃响了，我赶忙返回窑洞，拿起话筒，就听见陈旅长问我：“老郑，你们考虑得怎么样？”我马上回答说：“我们已制定了战斗方案。”陈旅长说：“那好，你就同王远芬同志来我这一趟。”我同王远芬赶到旅部向旅首长汇报了我们的想法，王远芬详细地汇报了兵力的使用和部署，陈旅长高兴地说：“老伙计，这一次我们又想到一起了，有句俗话叫作‘英雄所见略同’，我们谈不上是英雄，但凡人之间也有所见略同的，对吧！我还给它起了一个名字，叫作‘打虎掏心’。”接着陈旅长同我们一起研究了战斗方案，火力的配置以及行动部署，并且再三指示：

"潜伏部队必须隐蔽，不能过早地惊动敌人。一旦被敌发现千万不可惊慌，要猛打猛冲，打乱敌人的阵脚。"这时，太阳已升出老高，我站起来问："首长还有什么指示，我们是否可以回去了？"陈旅长也站起来，说道："我就不留你们吃早饭了。"又看了看我说："老郑，你一定要注意把握全局，'掏心'也不允许你本人到'铁扇公主'的肚子里。"我兴奋地说："请首长放心，这一回一定要让'牛魔王'看看我们的手段。"

从旅部返回驻地后，部队正在吃早饭，我一边吃饭，一边同鲍政委交换了意见，同时决定饭后立即召开全团连以上干部会议。会上，鲍政委传达了刘、邓首长和旅首长的战斗意图和决心，说明刘、邓首长把攻打南关这一重任交给我们团，是对我们团的信任，也是全团的光荣。我向大家介绍了南关的地形，敌军的兵力和部署，并说明了我们的战斗方案、火力配置和大体部署。王参谋长提出作战要求，指出部队要隐蔽行进，严守纪律，不能有任何侥幸和麻痹心理，发起冲锋前不能有任何响动，冲击要突然，这样才能达到突袭的目的。政治处张立功主任强调所有共产党员都要起模范和骨干作用。

我们这个团原来是红四方面军第四军十师改编的，全团排以上干部70%、连以上干部80%都是红军时期入伍的，素以战斗作风过硬、善啃硬骨头著称。这些久经考验的干部，一听说要打大仗而且是块"肥肉"，个个十分高兴，都争着要当突击尖刀。三营九连连长杨玉忠急得站起来大声说："这把'尖刀'我们连是当定了，谁争也不让！"看着大家摩拳擦掌求战的高涨情绪，我心里也感到十分兴奋。鲍政委让大家停止争论，笑着说："你们都不要争了，今后大仗、硬仗有得打。"接着他又对我说："老郑，下命令吧！"我当即宣布了战斗命令："命令三营担任'尖刀'，隐蔽潜伏到南关镇，腹地开花，由内向外打。二营担任突击，待三营打响后，以密集的火力，封锁云盖山下两个突出高地和秦五坡、极子山中间碉堡的火力。以突击动作迅速扫清前进路上的障碍，由外向内打。一营为预备队，随时准备出击支援三营和二营。"同时决定由三营营长马忠全和二营营长张天恕带领二营六连、三营九连、十连三个连长，化装成老百姓，由地下党的敌工组组长、南关镇维持会会长孙汉英带领到南关镇内进行战地侦察。会后，各营分头作战前动员和战斗准备。命令下达后，三营和二营营长高高兴兴地走了。一营营长李德生怎么也不走，他问我为什么不让他担任主攻任务，我说明了这次任务十分艰巨，必须有一个坚强的预备队。他还是闷闷不乐，显得不大满意的样子说："这一次我没有抢到主攻任务，下一次我可再不能让步了。"看到这些可亲可敬的指挥员，鲍政委咧开大嘴笑着说："真是一些好同志啊！"我说："有这么好的指挥员，任何艰难险阻也会变成坦途，日军这头'野牛'，必将陷入火阵，自取灭亡。"山区的天气，真像小孩子的脸，说变就变。上午，天上一点云彩也没有，十分晴朗。中午，一阵山风过后，霎时间天空就布满了乌云。我对鲍政委说："乌云如能到午夜不散，那对我们部队的潜伏和隐蔽接近敌人，是再好不过了。"

三

5日傍晚，天上的乌云纹丝不动，

夜幕也来得早。部队按预定时间准时出发了，战士们个个精神饱满，行动迅速，经过二十五公里急行军，到半夜时已逼近南关镇。我沿着崎岖的小道，赶到三营，看到指战员们正在等待着我下命令。我对指战员们说：“这次战斗，你们三营是钢刀，这是你们三营的光荣。”我又拍了拍九连连长杨玉忠的肩膀说：“杨玉忠，你们连是这把钢刀的刀尖，刀尖是要插在敌人心脏上的，明白吗？”杨玉忠这个红军老战士，平时话少，有点内向，打起仗来从不含糊。他挽了挽袖子，把握紧的拳头在我脸前晃了晃，无声地表达了决心。这时三营营长马忠全走过来，低声地对我说：“团长，下命令吧！”我立即发出了行动命令。三营全体指战员在营长马忠全的带领下，悄悄地从敌人两个炮楼之间的接合部向镇内摸去。三营开始行动后，我抬头看了看天气，乌云有增无减，夜黑如墨，我心里一阵高兴，立即向二营和一营发出了行动命令。二营、一营迅速按预定战斗方案展开，行动非常隐蔽、迅速，没有发出一点响动。

战前的寂静，总是给人一种沉闷和难以等待的感觉，连我这个老战士也有点坐立不宁。我在团临时指挥所围着电话机来回走动，鲍政委今天也是站起来坐下，坐下又站起来，显得很不安。突然电话铃一响，打破了沉闷的气氛，我急忙拿起话筒，就听见陈旅长问：“情况怎么样？”我回答一切正常。可见旅长的心情也不轻松。我把话筒放下，立刻又恢复了战前的平静。大约过了二十分钟，三营摸进了南关，我的心才踏实了一些。三营的全体指战员穿过铁丝网，一直摸到了大街上，敌人才发现，三营立即以迅雷不及掩耳之势，发起冲击，由内向外打。二营马上以密集的火力，封锁着南北碉堡的火力，同时以猛虎下山之势，迅速发起冲锋，由外向里打。霎时间，枪声、手榴弹爆炸声、喊杀声连成一片，沉睡的山镇立即沸腾起来。我刚把电话机拿起来，就听见陈旅长说：“老伙计，这一锤砸准了！”听得出旅长是很高兴的。我马上命令各营火力要集中，动作要迅速，猛打猛冲，不能给敌人以任何喘息之机。

我们的战士个个像小老虎一样勇猛，以大无畏的气概，排山倒海之势，奋勇向前冲击。战斗在大街上、火车站、碉堡、碉堡之间和外围炮楼激烈地进行着。当时，敌人的司令部、仓库、辎重都在大街上，并早有戒备，所以，大街成了这次战斗的焦点，打得非常激烈。

担任大街争夺战主攻任务的九连指战员在连长杨玉忠的带领下，猛打猛冲，于6日拂晓占领了镇子的东南角，并且扩大战果，迫使敌人龟缩在镇西离火车站不远的一所坚固的房子里。敌人用密集的火力封锁着大街，企图阻止九连和三营前进。这时，全师有名的战斗英雄、九连副连长袁开忠，按照营长马忠全的命令，立即带领一排在火力掩护下，冒着敌人密集的弹雨，以闪电般的战斗动作，英勇无畏地冲过大街，占领了一栋房子。正当他组织部队一边打，一边掏墙壁，准备向前继续扩大战果的时候，突然从街上冲出二十多名日军，端着刺刀，号叫着向他们扑来。袁开忠高喊一声：“同志们！让刺刀见红啊！”随着喊声，他的驳壳枪一甩，撂倒了三个敌人。一排的勇士们高喊着“冲啊！杀啊”的口号，冲到大街上同敌人展开了激烈的

白刃格斗。袁开忠见到一个刚入伍的新战士在同一个日军对峙着，眼看这个新战士手脚有些慌乱。袁开忠高喊着“杀”冲了过去，愤怒的刺刀直刺敌人心窝。这个敌人随着一声惨叫倒在了地上，那个新战士抹了一把溅在脸上的血污，学着袁副连长的样子向另一个敌人冲去。突然，一发冷弹击中了袁开忠，那个新战士看见副连长负了伤，马上跑过去搀扶，袁开忠一把将他推开，说着：“不要管我，去消灭鬼子。”说完就倒下了。战士们看见副连长牺牲了，个个怒火满腔，人人奋勇向前，杀向敌群。这时，连长杨玉忠带着二排赶来增援。虽然杨玉忠的头上和左臂负伤处还流着鲜血，但是他像一座铁打的金刚，仍然精神抖擞，带领二排的勇士们，喊杀着冲向敌群，就好像天上杀下来的一批神兵天将。就这样，二排协同一排一鼓作气歼灭了这股敌人，巩固了一排占领的前进阵地。尔后，在杨玉忠的指挥下，战士们迅速掏穿了墙壁，又是一阵旋风般的猛打猛冲，很快占领了与敌司令部仅一墙之隔的一幢房屋。此时，敌我双方，隔着一堵墙，互相对扔手榴弹。被袁开忠抢救的那位新战士，一手捂着伤口，一手向墙那边扔手榴弹。杨玉忠见他伤势很重，几次叫他下去，可这个新战士说什么也不肯下去，他坚决地说：“我要为袁副连长报仇！”

战斗越打越激烈。经过连续战斗，九连伤亡较大，弹药也不多了。此时十连和十一连正在同敌人进行激烈的巷战。面对这种情况，我命令三营营长马忠全，集中火力和兵力朝敌人司令部猛攻。同时，我又命令一营集中火力，封锁南北两面碉堡。尔后，命令二营要不顾一切地迅速向前进攻。战场的形势很快发生了变化。十连和十一连经过一阵猛打猛冲，占领了火车站和街上的仓库，肃清了村西的残敌，解救出一千多名被敌人抓来修路的民工。他们马不停蹄，掉头就朝敌司令部猛冲。二营在营长张天恕的率领下，也突破了敌人火力的重重封锁，扑进镇内。二营和三营会合后，立即调整了兵力部署，很快肃清了大街上的敌人之后，便以迅猛异常的战斗动作，冲向敌司令部。正当战斗激烈时刻，敌司令部突然停止了还击，大家都有点莫名其妙，稍停顿了一会，便不顾一切地冲了进去。冲过去一看，到处是一堆堆弹壳，一具具面目狰狞的尸体。搜遍了所有的角落，也没找到一个活着的人。这究竟是怎么回事呢？大家都感到很奇怪。战后才知道，原来狡猾的日军早已偷偷地挖了一条直通火车站到村外的秘密地道，少数残敌就是从这条地道溜掉的。

四

虽然镇的外围炮楼还未完全攻下来，残余的敌人仍依托坚固工事负隅顽抗，垂死挣扎，但是整个战斗已近尾声。旅首长已带着近两千名从榆社、武乡赶来支前的民兵和民工进到南关镇。

敌人的司令部、仓库、火车站堆放着许多不同颜色的木箱子、麻袋、包裹和其他物资。民兵和民工们表现得很积极，一进来就扛东西。我们告诉大家要先扛炸药，然后再搬运其他物品，但是一时又分不清哪些是炸药。这时，旅部的参谋铁夫同志赶来了，他是东北人，懂日文，他一看就高兴地对大家说，绿色的木箱子里是炸药，赶快扛绿色的木箱子。

大家都知道，对于我军来说当时炸药比金子还贵重。有了炸药，我们就能为敌人准备新的送葬礼品。眼下看到这么多的炸药，谁心里不高兴呢？在突击抢运炸药时，外围炮楼的残余之敌，仍然发疯地射击，就像一块绊脚石一样横亘在我搬运大军的路上，阻碍着我们搬运。这时，旅首长对我说：“郑国仲，限你半小时，拿下外围炮楼，搬掉绊脚石。”其实没有旅首长的命令，我也早就被这些该死的家伙激怒了。我立即把二营的两挺重机枪和特务连三挺转盘机枪集中起来，协同一营正在战斗的轻重机枪，一齐压制敌人的火力，同时命令特务连向残敌发起冲击。我对侦察排排长吴振邦说：“尽快组成四个突击组，等轻重机枪打响后，你们跟着往上冲，坚决把这些残敌吃掉。”在我们七六九团，大家都知道侦察排的每个战士都是从各连挑出来的尖子，他们不仅思想过硬，而且射击技术、单兵动作基础也很好。平时一人一支驳壳枪，两颗手榴弹。不到关键时刻，我是不撒手放这群雄鹰的。一听到我的命令，他们迅速在吴排长指挥下，改换了武器，做好了出击的准备，机枪一响，他们个个如同离弦的箭，迅速扑向了敌人的炮楼，只用了十多分钟就全歼了残敌。总政派来战地拍摄电影的徐肖冰同志，在硝烟弥漫的战场上，不顾个人的安危，把这个真实的战斗场面摄入了镜头。可惜这一珍贵的资料后来遗失了，实在遗憾。

南关战斗胜利结束了。守敌日军一个加强中队两百多人，除少数从地道逃走侥幸活命外，大部分被歼。两百多名伪军全部被歼，日军中队长峰正荣被击毙。此外，我们还解放了被抓来的修路民工一千多名，缴获黄色炸药近两千箱和其他很多军用物资。

南关战斗打得干脆利落。我们这个“太行山的铁拳头”用“打虎掏心”的战法，劈开了日军套在太行、太岳根据地的枷锁——南关，胜利完成了刘、邓首长和旅首长交给我们的光荣任务。

（本文作于1986年，由八路军太行山纪念馆供稿）

威震冀中平原的齐会歼灭战

文 / 黄新廷

黄新廷

黄新廷（1913—2006 年），湖北沔阳宋家墩（今属洪湖）人。1931 年参加中国工农红军。次年加入中国共产党。曾任第三军连、营、团长。参加了湘鄂西、湘鄂川黔苏区反"围剿"和长征。1937 年入延安抗大学习。后任八路军一二〇师副团长。参加齐会、陈庄等战斗和百团大战。1944 年任八路军一二〇师副旅长。1953 年参加抗美援朝，任中国人民志愿军军长。1957 年毕业于解放军军事学院。后历任成都军区副司令员、司令员，装甲兵司令员。是中共七大代表、第十一届中央候补委员、第十二届中央委员，中顾委委员，第三、四届全国人大代表。1955 年被授予中将军衔。曾获二级八一勋章、一级独立自由勋章、一级解放勋章。

齐会一战，一二〇师威震冀中平原。此役经三昼夜激战，基本歼灭日军吉田大队，成为抗日战争初期首创平原游击战大量歼敌精锐的模范战例。七一六团参加了齐会战斗，当时我任该团团长。

当机立断周密部署

1939年4月18日晚，我团随师部由高阳县庄头地区向东转移。经过两个晚上的夜行军，20日拂晓前到达河间县（今河间市）东北的卧佛堂、大小朱村地区，与先期到达相邻地区的我师独一旅靠拢。此时全师两个旅七个团，还有冀中军区第二十七大队在这个地区会合，准备进行整训，并待机作战。我团驻小庄、任村、齐会三个村子，是全师西翼的屏障。

正是清明时节，冀中平原春光明媚。然而冀中的局势却依然是相当严峻的。一二〇师驰援冀中以来，虽然四战四捷，和冀中的部队一起打破了敌人第三、四、五次围攻，但敌人依仗其军力优势，侵占了我冀中区的全部县城和主要集镇。冀中平原上，敌据点林立，炮楼密布，各据点之间相距不过一二十公里，我军回旋地区大大缩小。敌人到处拼凑伪政权，推行"治安肃正"；以据点为依托，经常出来抢粮食、抓民夫，胁迫群众平道沟、修马路；不时集结兵力，梳篦拉网，进行"扫荡"作战，企图在青纱帐起来之前消灭我军，或将我军逐出平原，以确保其占领的平、津等要地和津浦、平汉等铁路运输线的安全。其侵略气焰十分嚣张。我们要想站稳脚跟，稳住冀中局势，巩固和发展这块抗日根据地，就必须以英勇的战斗，给疯狂的敌人以更沉重的打击。

战机终于来了，4月20日，日军第二十七师团的吉田大队八百余人，伪军六十余人，分乘汽车五十余辆，携山炮两门，随带满载弹药、给养的大车八十余辆，浩浩荡荡，由沧州开到河间县城。

吉田大队开到河间，是跟随我军行踪而来的。但他的情报不甚准确，以为我军在该地区不过两千左右的兵力，不知我军是万余人的大军集结。这一点，吉田就要倒大霉，他决定出兵"扫荡"，打我军个措手不及，但他也明白我们是贺龙指挥下的主力，预测这将是一场激战。所以出发之前，令部下尽量多带弹药，各种炮弹、枪弹、手榴弹、掷弹筒，满满装了几十辆大车，仅山炮炮弹就带了四百二十多发，这在当时，就日军"扫荡"作战来说，也是一个很大的数量。连他的士兵也惊讶"扫荡作战中，就数这次携带的弹药多得出奇"！

4月22日下午，吉田大队带着长长的大车队，出河间县城西门，转而向北行进，傍晚到达河间城北三里铺。就在这天晚上，我们师部召开了各旅、团首长和师直营级以上干部会议，部署整训工作，同时，全师将士也在师部驻地大朱村开联欢大会，庆祝一二〇师和冀中三纵队合编，并进行整训动员。贺龙师长、关向应政委、周士第参谋长、甘泗淇主任等领导同志都到会了。联欢大会开始，贺龙师长整整灰布军装，摸摸浓密的胡子，首先站起来讲话。正讲着，侦察员气喘吁吁地跑来报告：吉田大队已进驻三十里铺，离我军不到十五公里。于是贺师长话头一转，把联欢大会变成了战斗动员大会。他说："同志们，为了巩固和发展冀中抗日根据地，这三个月来，我们各部队并肩作战，密切配合，取得了一连串的胜利。同志们连续行军

打仗，都很疲劳了，原想让大家休息一下，但敌人不让我们休息，现在已经送上门来了，怎么办呀？”接着，他幽默地说：“既然敌人把礼物送上门来，能不收下吗？本来今天晚上叫战斗剧社给同志们演几个小戏，现在就不演了，各部队立即带回，连夜做好战斗准备，隐蔽待机，听命令行动。我们要在冀中平原上打一个漂亮仗，等战斗胜利以后，再来开一次祝捷大会！”

他嘱咐指战员：“今天晚上大家辛苦一下，熬个夜，把工事修好，准备和敌人干，要注意防炮、防毒、防火（防敌人烧房子）。”

最后，贺师长号召“军民一心，团结起来，坚决粉碎敌人的进攻。敌人来了，要狠狠地打，来多少，消灭多少”，他猛一挥手，结束了这个简短有力、风趣生动的战斗动员。贺师长亲自动员，给全师增添了巨大的力量。指战员们精神振奋，热血沸腾，决心打好这一仗，开创冀中抗日斗争的新局面。

我们正在听贺师长的讲话，周士第参谋长把我从会场叫出来，对我说：“敌人在三十里铺，离你们最近，你们要严密监视敌人的行动，看他是向东还是向北，随时向师里报告。”我随即告知团参谋长王绍南，立即派出侦察队，一直派到三十里铺敌人鼻子下，随敌前进，及时报告敌人的动向。晚会提前结束，部队还没有带出会场，师首长就召集旅团领导紧急研究情况，对吉田大队的行动企图进行了分析判断：敌人这样大的兵力北出河间，很可能企图在任丘、吕公堡、大城诸敌配合下，进行“扫荡”作战，向我驻区进攻。

这一战敌人兵力不少，装备精良，训练有素，又异常残暴凶恶，被华北日军视为精锐之旅，因血洗南京城、屠杀中国人民有“功”，吉田大队从官佐到士兵，人人佩戴“勋章”一枚，骄横不可一世。这次倾巢出动，可谓来者不善。

平原游击战，敌强我弱，我通常是进行分散的小规模的游击，一次消灭一小股敌人，积小胜为大胜。这次是敌装备精良的一个大队，怎样才能稳操胜券、全歼敌人？师首长审时度势，作了缜密的研究：敌方兵力较大，装备精良，但不明我军虚实，系孤军冒进。分散在周围的日伪军只有两千多人，既要守点，又要防我游击队袭击，不可能大批增援；我七个团、一个大队集中在附近，兵力对比占绝对优势。我军重兵打击孤援之敌，这是取胜的基本条件。

敌人虽来势汹汹，但我军是连战连胜的正义之师，已取得平原作战的经验。冀中新部队经过几次反围攻作战，战斗力已有很大提高，且两师会合，士气正旺，这是克敌制胜的最重要因素。

我军现驻区是冀中抗日根据地较巩固的中心区，人民拥戴八路军，痛恨日本兵，群众基础好，敌骄傲狂妄、轻举妄动，必然给我军以可乘之隙，这叫作骄兵必败。结论：歼灭吉田大队，是有把握的。

师首长当即下了决心：抓住有利战机，隐蔽待机，实行外线速决的进攻战，歼灭吉田大队。

接着又进一步分析了敌人的攻击方向，是由西向东，还是由北向南？师首长判断向东的可能性较大。因为向东距我军领导机关驻地最近，同时可得到西北方向任丘、北面吕公堡、南面沙河桥、东北方向大城等敌的策应配合，对我军形成四面围攻的态势。

七一六团摆在全师的最西面，敌人如果向东进犯，七一六团则首当其冲。根据以上分析判断，师首长作了周密的部署：以七一六团正面交战，视战斗发展情况，以主力断敌退路，尔后合围攻歼敌；以少量兵力警戒各据点之敌，阻敌增援，保证主力攻歼的成功。

当然也估计到这个敌人不是那么好打的。敌军兵员充实，老兵多，火力强，弹药足，战术技术好，士兵信奉法西斯主义，在失利的情况下，仍十分顽固，宁死不降；而我军武器装备差，火力不如敌人。因此确定了白天固守，夜间反击，连续包围，不断杀伤，最后歼灭的基本战法。贺龙师长特别叮嘱我：敌人如果向东进犯，你们是首当其冲。你们团是打头阵的，白天一定要守住阵地，紧紧抓住敌人，大量杀伤、消耗、疲惫敌人，夜间要坚决果断地反击；敌人如果逃跑（敌不善夜战，通常是天黑就收兵），就与兄弟部队协同，包围歼灭敌人。并令我立即回团部署战斗。

这时，著名的国际共产主义战士白求恩正在一二〇师。贺师长部署完毕以后，对白求恩说："你的医疗队放在哪里好？还是跟师部在一起，好不好？"白求恩说："还是靠前一点，放在齐会附近吧！"贺师长问："为什么？"白求恩说："你不是说齐会是战斗的中心吗？战士们需要我们和他们在一起。"听了这话，贺师长转身对我说："听见没有？告诉大家，白求恩大夫就在你们身边，和你们一起战斗！"这种高尚的国际共产主义精神、大无畏的战斗风格，对我们是一个很大的鼓舞。战斗发起以后，白求恩就率领医疗队来到距齐会仅有五里地的屯庄，手术室就设在村南的一个小庙里。由于这里离战场近，医疗队及时地抢救了不少伤员的性命。

我赶回团里，令三个营都要连夜备战，以做到有备无患，万无一失，并令各营立即组织指挥员现场勘察地形，选择阵地和进攻路线。平原作战有个特点是无险可守，村落是唯一依托。白天战斗一打响，就要顶，敌人打炮也好，放毒、放火也好，都要顶住，不能走，一走就失去依托，谁走谁吃亏。要顶住，就必须充分利用地形、房屋，修建坚固的工事。因此，令各营连夜加修工事，务必做到坚固可靠。同时令各值班分队不解背包，随时准备夜里应付紧急情况。政治处则分头下去，协助各营进行政治动员，组织群众转移。一声令下，全团立即行动，投入了紧张的备战。

我和政委金如柏、副政委黄新义、参谋长王绍南、政治处主任颜金生等研究了情况、任务和打法，重点研究了齐会村的战斗。

冀中抗日根据地创建以来，齐会逐渐成为中心村庄，人民群众抗日热情高涨，积极支援八路军。在这个村子作战，群众基础很好。齐会，据说历史上曾有三条河流在此处汇合，古河道虽然早已干涸，但总的来看，在平原上，仍不失为一个地形较复杂、易守难攻的好战场。该村有四百多户人家，是一个比较大的村庄。村内有一条南北街，街两旁是许多小巷和房屋，有一定纵深，利于我军布兵作战。村东南有一个大水塘，水比较深，是我军布防的天然障碍物。大水塘上有一座小石桥，为进出的通道，利于我军狙击敌人，村沿有一些零星房屋可作为前哨阵地，利于我军防守。

作战情景

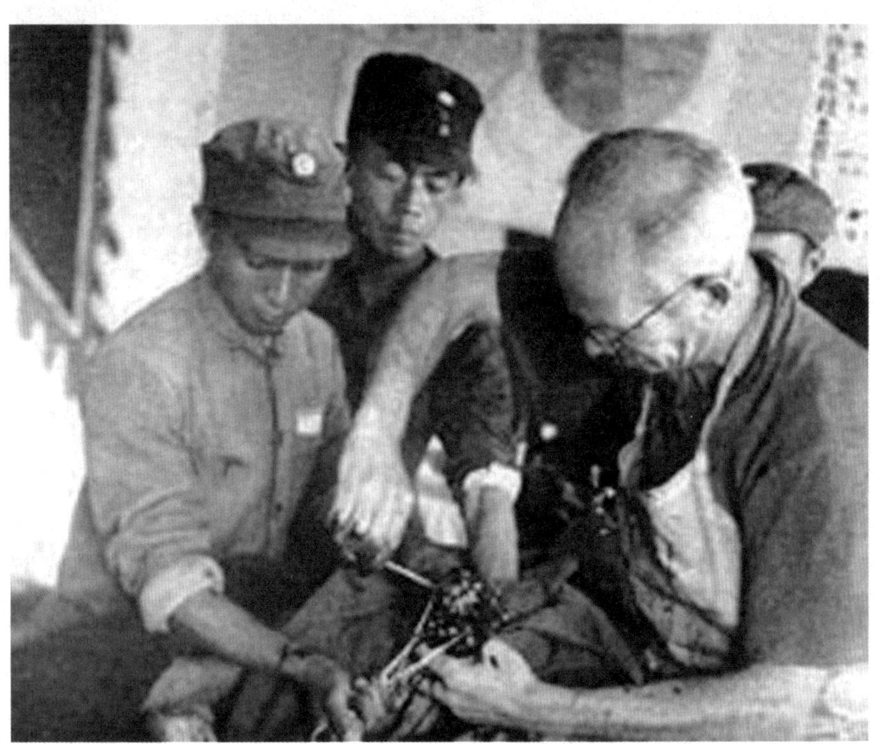

正在进行手术的白求恩

我团驻齐会村的三营，前身是红二方面军的第六师十六团，老底子是洪湖赤卫队，经过长征，可以说是身经百战、战功卓著、战斗力很强。指战员大多数是红军，骁勇善战的营长王祥法经验丰富，沉着老练，由他指挥作战，可说是主将得力。

我们决定把固守齐会的重任交给三营，一营相机使用，随时准备支援三营的防守作战，二营为预备队。我们先用一个营对付吉田大队的全部兵力，留两个营在关键时刻加入战斗，可以始终保持主动的地位。决定白天固守，黄昏后一营、二营从外线进攻，三营伺机反击，里外夹攻，歼灭敌人的有生力量，为师主力合围全歼该敌创造条件。

作战方案定下以后，团的领导干部分头到各营布置任务，进行动员，检查指导，并向三营作具体部署。

我们曾与吉田大队较量过，3月1日黑马张庄一战，我们巧布伏兵，消灭敌方两百余人。王祥法听说要二打吉田，十分兴奋。

我向他交代了此次战斗的意图，并共同研究，明确了具体打法：敌人兵力较多，我们不在村外打，那样兵力就分散了；就从村沿打起，在村沿利用有利地形如塄坎、坟包、树丛、土坑、水塘和房屋等，在村里再利用街巷和房子层层阻拦，节节抗击，不断杀伤敌人、消耗敌人，叫他无力还手，把它粘在齐会。

我及时提醒王祥法，贺师长的意图不是把敌人打跑，而是要全歼。要紧紧抓住敌人，不能让他退出战斗逃跑。这将是一场恶战，任务很艰巨，你们要想一切办法坚持到天黑，为上级调整部署围歼敌人赢得时间。留一个连做预备队，使用到最吃紧的地方或用于夜间反击。

打法定下来，王营长立即部署兵力，分配任务。各连进行了简短的战前动员，战士们听说要打大仗，个个摩拳擦掌，决心书、保证书雪片似的飞向连部、营部。老乡们听说八路军要在这里打日军，一传十，十传百，纷纷从家里跑出来，扛着镐头和铁锹，和战士们一起挖工事、掏枪眼，军民并肩，决心把齐会村变成坚固的战斗堡垒。

动员和组织群众转移的工作十分艰难。老乡们抗日心切，非要留下来。特别是青年，纷纷找到连部、营部恳求：“让俺们留下吧，难道打鬼子没有俺的份？”一位五十多岁的老大娘找到营长说：“别瞧你大娘老了，给你们烧烧水、做做饭，也是俺们一片抗日的心意！”经过再三劝导，才说服了老乡。临转移前，老乡们把烙好的饼、煮好的鸡蛋硬是往战士手里塞，还不住地嘱咐：“吃得饱饱的，多杀几个鬼子！”全营指战员没有一个不深为感动。一些山西籍的战士说：“冀中老乡真好，为他们流血牺牲，我心甘情愿！”

万事俱备，只待敌人。战士们在阵地上养精蓄锐，像猎手等待猎物一样等待着敌人的到来。

八路神威顽敌丧胆

22日夜12点，吉田带着大队人马悄悄出发，贸然东进，23日拂晓前从丰截河村渡过了古阳河，路上搜索了几个村子，没有发现八路军的踪迹，9时占领了南北大齐、北齐曹村一线。于是放开胆子，带领人马直奔齐会。敌人从三十里铺一出动，我军便衣侦察就跟踪报告了。我们当即把团指挥所移到小店村南杨家坟。我们心中都很敬佩：贺龙

师长所料不差，敌人果然向东来了。

我们站在麦地上，用望远镜瞭望着。不久，镜筒里出现了敌人的身影，我立即打电话命令三营准备迎击敌人。一会儿，敌炮兵在一座砖瓦窑附近部署发射阵地，步兵分三路展开成战斗队形，从西边掩杀过来了。敌人离齐会约八百米时停止了前进。突然轰的一声，一发炮弹的爆炸声打破了激战前的寂静，这是敌人的火力侦察。王营长告诉战士：“不要开枪，等敌人靠近了再打。”中路敌人一个步枪中队、一个机枪中队，左路、右路各一个步枪中队，看到村子里没有什么动静，就大着胆子，弯着腰，向齐会搜索前进。敌人越逼越近，狰狞的面孔看得清清楚楚。战士们屏住呼吸，紧握着武器，等候着开火的命令。当敌人进入我火力射程之内时，王营长一声令下：“打！”霎时间机枪、步枪、手榴弹一齐开火，前面的敌人哀嚎着倒下了一片。

枪声一响，吉田明白村里八路军不少，当即命令炮兵猛烈射击。两门山炮一齐发射，村子里腾起阵阵烟雾。随着炮火延伸，敌人再次发起攻击。在重机枪拼命射击掩护下，端着刺刀的日军从西、北、南三面向齐会猛攻过来。三营利用村沿的有利地形和工事顽强抗击，战士们不慌不忙，等敌人靠近了，又是一顿枪、手榴弹，连续打退了敌人三次冲锋。

三次猛攻未逞，吉田气急败坏，命令施放毒气。我们曾受过敌人毒气的袭击，早有防毒的准备。三营指战员们立即把大蒜嚼烂，塞在鼻孔里，再用湿毛巾把口鼻捂严。为保证机枪火力，战士们纷纷把水壶送给机枪班备用。自己忍着毒气的强烈刺激，流眼泪，打喷嚏，有的呼吸困难，仍奋不顾身地坚持在阵地上。

吉田估计毒气已经奏效，再次组织兵力发起冲锋。哪知我军早有防备，毒气奈何不得。敌人一上来，我军机枪响得更欢，手榴弹投得更猛，敌人一个接一个倒了下去。吉田大队继续猛攻。战士们跳出工事，同敌人展开白刃格斗。一时刀光闪闪，喊杀声震天。九连连长曾祥望大吼一声，从敌人军官手中夺过一把战刀，一口气砍死三个日军。

村沿战斗，敌我双方争夺得非常激烈。一所房子、一片树林、几个坟包，失而复得，得而复失，一进一退地战斗持续不断，村南一块阵地被敌方一个小队夺占，三营立即组织反击。战士们散开成半圆形队形，在机枪火力支援下向敌人猛扑过去，夺回了阵地，歼敌一个小队，仅小队长带两三人死里逃生。敌右翼中队立即组织兵力前往接应搭救，又被我打死打伤七八人。战斗异常激烈，不少同志为神圣的抗战事业献出了生命。有一个机枪手，子弹打光了，又被敌阻隔，他怀抱机枪，忍着剧烈的伤痛，以坚强的毅力在阵地上爬过来爬过去，集中了牺牲的同志的几颗手榴弹绑在身上，等日军靠近身边，他猛然一拉引线，与几个敌人同归于尽。

三营在村沿战斗中消灭了不少敌人，但自己伤亡也不小，而且弹药也不足了。营长王祥法仍按预定方案，指挥各连撤进村子，转移到房子里、屋顶上，逐街逐巷、逐房逐屋地同敌人展开争夺战。他们早已把各家房子打通，把长板子、梯子架在屋顶，把许多砖瓦房改造成了坚固的堡垒，使敌人每占领一堵墙、一间房，都要付出很大的代价。

中路的敌人突进了村子，攻占了几所房子，一部分爬上了房顶。我机枪射手在高大屋顶上等个正着，一阵猛烈地扫射，敌人有的陈尸房顶，有的从房顶上栽了下去。有个日本兵妄想偷袭我房顶的机枪阵地，他借着一股旋风刮起的灰尘作掩护，倏地爬上较高的一座房子，以烟囱作依托，向我军机枪阵地射击。我军早有防备，几支枪早已对着这座高房。这家伙一举枪，有个战士立即从怀里掏出手榴弹甩了过去，轰的一声，弹片击中了那个日本兵的面部，吓得他连滚带爬下了房顶。敌人没办法，竟然把山炮拖来向我军轰击。我三营指战员有的英勇牺牲，有的面部被弹片击伤，满脸流血，顾不得包扎，仍浴血搏斗，而且越战越猛。

吉田一看巷战中部下死伤惨重，而进展却很缓慢，便使出了更毒辣的手段：放火烧房子。妄图以火攻把我三营置之死地或逐出村外。火苗借着风势，越烧越猛，齐会村霎时间浓烟滚滚，火光冲天。三营指战员沉着镇定，迅速组成防火组、战斗组。战斗组连续抗击敌人，防火组则奋力灭火。当敌人以烟作掩护逼近房屋时，我军房顶上的监视员一声令下，手榴弹冰雹似的投向敌群，炸得敌人血肉横飞。但终因火势过大，房子一间一间倒塌，一些街巷被敌人占领。

我站在杨家坟区观察战场，指挥战斗，流弹不时从身边掠过，枪声、爆炸声、喊杀声不绝于耳。突然见村子里烟火冲天，我判定敌人是放火烧房。估计三营吃紧，是一营加入战斗的时机了。于是我告诉参谋长：命令在敌人侧背待命的一营跑步上来增援，从东北方向实施进攻，造成反包围的态势，协助三营稳定齐会的防御。

一营接到命令后立即展开成战斗队形，从东北方向猛烈向敌进击。吉田果然凶猛顽强，他不怕两面受敌，以部分兵力、火力转入防御，抗击一营的进攻，仍以主力向三营猛攻，企图一举拿下齐会。由于大白天在平原上进攻，敌军火力远胜我军火力，一营将村外敌人消灭一部，将其余敌人压缩到村沿以后，敌人依托房屋和工事顽强抵抗，一营进攻受阻。于是出现了这样的态势：敌人包围着村子，我们又夹击着敌人，双方形成阵地对峙。一营虽未能突进村内与三营会合，但杀伤了不少敌人，消耗了敌人的有生力量，牵制了敌人一部分兵力火力，减轻了三营的压力，对三营是个强有力的支援。你顽强，我比你更顽强！浓烟烈火中，三营营长王祥法站在屋顶上挥臂高喊："同志们沉住气！一营就在村边，东南角隔着一条街，火烧不过去，大家往那里撤！我们一定要坚持到底，完成上级交给的任务！"在王营长指挥下，战士们边打边撤。掩护撤退的十二连几个战士，在火苗乱窜的屋顶上瞄准敌人射击，子弹打光了，就甩手榴弹，以自己的鲜血和生命，掩护战友安全地向东南角撤退。有一个班剩下的四名战士，被敌人围困在一间屋子里撤不出来，子弹打光了，敌人越围越近，情势十分危急。班长告诉战士：上刺刀，刺死他们！敌人见屋里没有动静，猛地冲上来踹门而入。班长大喊一声："杀！"四把雪亮的刺刀刺进日本兵的胸膛。他们乘敌慌乱的瞬间冲出了屋子。

三营撤到东南角以后，阵地就剩下几座大院了，这几座大院都是砖房，比

较坚固。炮火的硝烟，浓重的毒气，大火的烈焰，笼罩着齐会。指战员一个个被黑烟熏得像铁匠一样，有的被火焰灼伤，有的衣服被烧破，但大家同仇敌忾，战斗情绪仍然十分高昂。王营长向全营提出了“战胜火攻，战胜毒气，坚持到底，保证胜利”的响亮口号。同志们在阵地上纷纷表示决心：圆满完成上级交给的战斗任务，保证师团领导战斗意图的实现。全营调整了组织，调剂了仅有的弹药。共产党员守在最危险、最吃紧的地方。轻伤员也都拿起了武器，准备抗击敌人新的进攻。好在一营奉团的命令，不让敌人有喘息的机会，不停顿地组织猛烈的进攻，使吉田忙于两面应付，对三营的攻势有所减缓。

贺师长始终关注着齐会村的战斗，我们随时将主要情况向他报告，及时得到了他的指示。正当齐会烟火冲天，战斗最吃紧的时候，贺师长又来电话询问情况。糟糕的是三营的电话线断了，村内情况不明。我们几次派人联络，均中途失联。贺师长得悉后，即令七一五团派一个连务必突进村内查明情况、支援战斗。七一五团派七连借道沟隐蔽前进，以突然勇猛的动作，从东南方向向敌人冲去。三营九连连长曾祥望见此情景喜出望外，立即派排长张化林带战士前去接应。张化林指挥战士一顿猛打，吸引了敌人的火力，七连乘势一个猛冲，打开了缺口，冲进了村内，与我团三营会合。敌人随即组织反扑，封锁了七连打开的缺口。

增加了生力军，三营如虎添翼，士气更加高涨。为了守住最后的阵地，王祥法登上屋顶观察战场，只见村东南水塘的那座小石桥上，敌人设置了重机枪阵地，扼住了进出的唯一通道，同时与西北角上的炮兵阵地构成了火力联系，对我方造成严重威胁。王营长决心夺回小石桥，以求打破敌人的包围，相机恢复同团的交通联络。

这时，十连杨连长站了出来，要求亲自带领六班前往夺回小石桥。王营长说：“好！注意动作要隐蔽、勇猛、突然，我组织火力掩护你们！”杨连长率六班前进，我重机枪一阵怒吼，把墙头敌人的歪把子机枪打成了哑巴。杨连长和战士们趁机跃起，迅速接近了水塘前一片开阔地。杨连长叫战士们拧开手榴弹的盖子，紧紧握在手中，自己也掏出了盒子枪，把子弹顶上了膛，并对战士们说：“过了这片开阔地，就到桥头了，我们一定要把小石桥夺回来！同志们，拼吧！受伤不要紧，白求恩大夫就在我们后边！”

四五十米的开阔地，多少险阻啊！敌人的炮弹、枪弹不断地往那里倾泻。我军掩护火力也不示弱，猛烈向敌射击。就在这密集的弹雨中，杨连长和战士们分头跃进，子弹钻进他们身旁的泥土，有的战士挂了彩，有的在这块开阔地上牺牲了。但剩下的同志仍勇往直前，利用敌炮火间隙，匍匐、翻滚、跃进，终于通过了这片开阔地，接近了桥头，把手榴弹一排排甩了过去。桥上的敌人被这猝不及防的猛烈袭击吓傻了，就在敌人惊恐发呆的瞬间，杨连长和战士们已猛扑上去，同敌人扭打起来，以刺刀、枪托将敌消灭，一举夺桥成功。格斗中杨连长腹部受了伤，鲜血把灰布军装染红了一片。

突然间，西南方向坟地里敌机枪阵地的火力向桥面压来，杨连长忍着伤痛说：“咱们要固守桥头，就必须摧毁坟地敌人的机枪阵地。”他捂着肚子，带了几个战士就向敌阵地爬去。当接近坟地正要投手榴弹时，杨连长腹部又一次受伤，倒在了地上。战士们高喊着“替连长报仇”的口号，愤怒地向敌人冲去。这时，王营长指挥村里的战士，从侧面向坟地之敌攻击。在我军两面夹击下，敌不支，从工事里拖出机枪逃跑了，但敌随即又组织火力封锁了桥面。卫生员给杨连长作了包扎，随后把他抬到医疗队。白求恩大夫检查了他的伤势，看到他腹部伤势很重，不断渗出血水，立即给他做了手术。这位伟大的国际主义战士激动地说：“我真想象不出你是怎样忍受这样大的伤痛而坚持战斗的。”

四面埋伏天罗地网

齐会打得正紧的时候，周围据点之敌企图增援吉田大队。贺龙师长早有部署，我阻援部队早已进入阵地以逸待劳。任丘之敌三百余人南下，被我军预伏在麻家务附近的独二旅五团迎头拦击，被迫向西北方向退走。大城之敌两百余人到新广安，被我冀中二十七大队击退。吕公堡只有敌百余人，势单力薄，被我游击队袭击钳制，根本没敢出来。至17时，贺师长判断，援敌已经退去，吉田大队已孤立无援，天一黑可能逃跑，即决心调整部署，调动兵力，断敌退路，围歼该敌。令独一旅的七一五团及二团各一个营赶到刘古寺、西保车设伏，敌如南逃，即协同七一六团加以包围歼灭。令独二旅四团埋伏于四公村、杨庄附近，敌如西逃，即协同七一六团追击部队予以围歼。以上各部，于18时到达指定位置。

周士第参谋长随即电话通知我：贺师长正在调整部署包围敌人，各部已开始行动，关键是你们三营要紧紧抓住敌人，不要让敌人逃跑，坚持到20时，你们全团发起反击。

战斗即将进入第二阶段——围歼敌人，吉田大队已成瓮中之鳖。我心情十分振奋，即令一营、二营做好进攻的准备，20时整准时发起反击。我们正在研究一营、二营的进攻路线，有个姓李的老汉自动跑来当向导。我们看他年岁大了，劝他别去，李老汉说：“我家几辈住在齐会，哪家有几个灶火我都知道。别看我老了，腿脚还灵着哩！”我们拗不过他，只好派通信员送他到二营当向导。多亏老汉道路熟，反击发起后，他领着二营顺利突进村内。

离全团发起攻击还有三个小时，我合围部队正在向指定地点运动，眼下最要紧的，是三营能不能坚持到20时。必须马上派人进村向三营传达上级意图。这时参谋长王绍南同志挺身而出：“团长，我进村一趟！”我和政委商量了一下，感到如果让参谋长亲自跑进村了解情况、传达任务，对三营是一个鼓舞，同时又可以加强第一线的指挥，就同意了他的请求。王参谋长带了两个通信员，在四连机枪火力掩护下匍匐前进，向村庄爬去，爬到一个池塘边上时踩塌了虚土，土块哗啦啦掉进水塘，这异样的声音立即引来了敌人的射击。四连的机枪猛烈射击压制敌人，王绍南和通信员趁机迅速前进，爬到村边三营的阵地。三营战士搬开机枪，王参谋长从架枪的洞口钻了进去，穿过几个挖通了的房间，找到了营部。王参谋长向三营领导介绍了敌情和师、团的歼敌部署，表彰三营打得勇敢、守得顽强，共同研究了下一

群众在慰劳作战部队

步的作战方案，并派回一名通信员向我们通报了情况。这样，我们对完成任务就更有信心了。

天慢慢黑下来，村子里的枪声突然稀疏了。吉田望援兵，援兵不到。想进攻，力量不足；想撤兵，又不大甘心。他的部队士气沮丧，进退两难，举棋不定，如热锅上的蚂蚁。他兽性大发，命令炮兵猛烈发射毒气弹。我团驻地小店和师部驻地大朱村村沿都毒气弥漫。

毒气侵来，正在村沿指挥作战的贺师长和司令部人员都中了毒，头晕目眩，呼吸困难。医务人员要抬贺师长进村治疗，贺师长摆摆手，又打了一个手势，要过蘸了水的口罩戴上，稍事休息，又继续坚持指挥。

20时整，反击时间到了。我们指挥一营由北向南、二营由西向东，同时突然发起攻击。三营和七一六团七连正在顽强抗击日军的进攻，听到四面枪声不断，知道反击已经开始，非常兴奋，立即反守为攻，趁势向外突击。一刹那枪声大作，喊杀声震天。我全团兵力展开反击，攻势锐不可当。打了一整天，还能组织起这样猛烈的反击，出乎吉田的意料。敌人虽几面挨打，仍依托房屋和村沿工事顽固抵抗。经八小时夜战，我军夺回了一些阵地，又杀伤了许多敌人。这时，北半村的敌人已经肃清，群众担架队也跟着进来了，立即把伤员抬出去，送到屯庄交给白求恩医疗队治疗。

24日4时，我组织各营再次发起猛攻，包围圈越缩越小，将残敌压缩到村西南一些房屋和断墙残壁之间。

面对我军的包围攻击，敌人伤亡惨重，而援兵又无望，吉田感到情况不妙，再不撤兵，难免全军覆没，这才决意利用夜幕作掩护，率残部突围。各股残敌一面抵抗我军之围攻，一面派人收容伤员，收集同伴的尸体和遗物装上大车。装不了的，掘坑掩埋，砖瓦窑附近成了敌人的临时墓场。我小分队又乘机袭击收容伤员和收集死尸的日本兵，霎时间这些人又成了伤兵、死人。敌人终于在四面楚歌中做好了突围撤退的准备。两发信号弹临空，敌人随军大车开始移动。接着，吉田集中火力和兵力打开一个缺口，向南逃窜。我当即令二营猛追尾击，一营已鏖战一天，转为预备队。三营经一昼夜激战，杀伤了大量敌人，已胜利完成任务，本身伤亡也很大，令其打扫战场，整顿组织，待命行动。英雄营长王祥法身负重伤，幸亏白求恩大夫亲自操刀，使他转危为安。

二营指战员不顾夜战的疲劳，迅猛向敌追去，拂晓，抓住了敌人的后尾，歼其一部。敌军边打边退，十分狼狈。

我派骑兵通信员告诉二营营长蔡久：敌正向马村方向逃跑，你们要咬住敌人不放，猛追猛打，千万不要让敌人跑掉。二营接令后，以更加迅猛的动作向敌追击。这时太阳升起来了，附近老乡赶来送水送茶送大饼，拍巴掌，喊口号，给子弟兵助威。

敌军逃向马村，遭到我军抢先一步占领该村的七一五团四连的迎头痛击。原来，七一五团在西保车附近设伏，一夜候敌不至，奉命东移南北留路村待机，进至马村附近，正碰上敌人向南突围，遂不等命令，即主动果敢地以四连先敌抢占了马村。

前有堵截，后有追兵，吉田不敢恋战，乃折向东逃窜。敌人本来是要向南逃回河间的，被我军一堵，又被迫向东逃，这样，敌军越走就离河间老巢越远了。看来吉田已料到我军在其归路上预伏有重兵，不得不采取迂回曲折的退却路线了。不管你吉田有多么狡猾，我团二营和七一五团都穷追不舍。并攻占几个小村，自西向东，对敌后卫发起进攻。敌人无可奈何，只得以一部兵力抢占找子营村，以村庄为依托进行抵抗。同时，士兵们一天一夜未得进食，饿得实在难以行军打仗了，不得不稍事停歇做饭吃。日军一进村，就挨家挨户找吃的，哪知我人民群众早已坚壁清野，不要说吃的，村里连个人影也没有。敌人垂头丧气，不得不就地埋锅造饭。此时村内外枪声一片，敌人慌慌张张，狼吞虎咽地吞了几口夹生饭，即在吉田督战下以主力向南留路村猛攻。

贺龙师长早已布下天罗地网，哪容敌人逃窜！早在敌人折向东突围时，贺师长已下令埋伏在郭官屯的三团迅速前往抢占南留路村。三团接令后立即跑步前进，到达南留路村时，见先头敌人已进至村西一二百米处，情况万分紧急，战机稍纵即逝，团当即令第一营、二营为第一梯队，迅速抢占村西有利地形，坚决击退敌人的先头部队，令第三营为第二梯队占领村内街巷及坚固房屋，准备与敌进行巷战。这时，独二旅副旅长王尚荣、政委朱辉照同志，冒着敌人的炮火，在南北留路村之间开设了指挥所，亲临一线指挥。旅副政委幸世修赶到三团，传达命令，进行动员，号召全团指战员勇敢战斗，不怕牺牲，坚决狙击敌人，不让敌一兵一卒逃跑。

与此同时，七一五团稍做准备，即向盘踞在找子营村的敌人进攻，双方展开激战。老乡自动跑来当向导，领着七一五团的精锐分队绕到敌人侧后，利用房尾等死角，接近敌人固守的房户和道沟，一顿手榴弹甩过去，炸得敌人鬼哭狼嚎，乱成一团。敌人赶忙集合散乱的队伍，还未集合好，即被我军打散，敌人集合，又被打散。我七一五团正面猛攻，侧后突袭，10时左右，将敌人逐出了找子营。

敌军失去依托，被迫在找子营村东集结兵力，在炮火掩护下，以密集队形拼命向南留路村突围。敌炮火十分猛烈，三团的不少工事被敌炮火摧毁，许多房子被炸塌，部队仍奋力阻击。三团原是冀中的新部队，合编后在红军干部带领下，打得更英勇顽强。副政委负伤后坚持不下火线，与三团指战员并肩战斗。团政委朱吉昆同志身中两弹，仍坚持指挥，危急时刻身先士卒，与敌拼杀，又中一弹而光荣牺牲。指挥员的模范行动大大鼓舞了部队的士气，全团不怕伤亡，奋勇堵击，使敌人始终不能前进一步。

战至11时，敌对南留路村久攻不下，被三团堵住了去路，后面又有七一五团和我团二营的包抄尾击，被迫转入防御，占领南留路村与找子营之间

的有利地形，进行土工作业，顽抗待援。敌人原先满载弹药给养的大车队，此时满载着伤员和死尸，在道沟排成一路纵队，足有数百米长，进不得，退不得，被钉死在道沟里不能动弹。伤兵在呻吟，马匹在悲鸣，对敌人来说，可真够惨的了。而我们所得的战利品，可真叫多，枪支、子弹、刺刀、背囊、杂物等，田野里抛得到处都是。

贺师长见敌人固守待援，即指挥七一五团、二团、三团各一部，再次将敌人团团包围。贺师长考虑到周围地形平坦，白天攻击不易奏效，同时需要进一步调整部署，遂决心白天围困，黄昏后发起进攻，只令小分队不断袭击，使敌人不得喘息。为防备敌人向南逃窜，又命令我调二营到张曹村设伏，断敌退路，同时令一团、五团向任丘、吕公堡、大城方向警戒，阻敌增援，保证围歼的顺利发展。

黄昏时分，我合围部队发起向心突击，又经半夜围歼，将残敌压缩到南留路村西面张家坟狭小地区。这场夜战，打得敌胆战心惊。当年参加侵华战争的中国驻屯步兵第三联队第八中队上等兵内匠俊三在战时笔记中写道：“在我经历的战斗中，没有比这次‘扫荡’作战给人留下最深刻的记忆。”“我前面的马车上装着六七具战死者的尸体，有的人死于手榴弹和步枪，很大的伤口张开着，鲜血染红了军装。有的人头部中弹。目睹这凄惨的场面，我难过地走了几公里路，在前面一连二十多辆马车，都装着战死者躯体。仅在一次战斗中就出现如此之多的伤亡，这在中国事变发生以来，即使是南苑战斗或武汉作战也不曾有过。”

这就是夜战中敌人狼狈万状而又垂死挣扎的景象。

敌军虽被我军压缩到张家坟狭小地区，但仍困兽犹斗，突围之心不死。25日3时，残敌集中兵力火力猛攻张曹村，企图夺路南逃。我团二营早在此等候多时，八连正面抗击，五连向敌右翼侧击，使敌人数次猛攻都未能得逞，徒然留下多具尸体。攻张曹村攻不动，拂晓，吉田又组织残兵转而向东再攻南留路村，守候在那里的三团再次英勇抗击，连续打退敌人九次冲锋。敌人像无头的苍蝇，乱冲乱撞，始终逃不出我军的包围，只得又回到张家坟。至此，残敌已完全丧失反扑能力，被迫掩埋尸体和枪械，掘壕据守，等待援兵。吉田多次发电催促，但各据点出动的援兵，早被我五团、一团、冀中二十七大队等阻援部队击退，吉田等待援兵，只是望梅止渴而已。25日下午，贺师长等领导同志来到南留路村三团阵地，在亲自观察战场、了解情况以后，贺师长说：“打了两天两夜，敌人死的死，伤的伤，剩得不多了，又无弹药补充，战斗力已极大削弱，全部歼灭敌人的条件已经成熟。”他命令我团、七一五团、二团、三团立即调整组织，补充弹药，从四面接近敌人，进行近迫作业，于黄昏同时向敌发起总攻，最后结束战斗，全歼残敌于张家坟区。

黄昏，我军发起总攻。突然天气骤变，狂风突起，尘土飞扬，遮天蔽日，刮得对面看不清人，无法进行战场观察。同时由于各部动作不够整齐，协同联络不够密切，当攻入张家坟区时，狡诈的吉田已乘隙率残部逃走。我军立即追击，歼其后尾一部。漏网之敌连续困战三天三夜未得休息，已精疲力竭。他们困倦到极点，半路上一进村就倒头大睡，又被我军附近游击队袭击，一些日军在睡梦中糊里糊涂地丧了命。八百多人的队伍，最后仅剩八十余人，经沙河桥逃回河间城。

齐会歼敌七百余人的大胜利，是与冀中人民踊跃支援我军作战分不开的。战前频繁地送情报，使我们及时掌握了敌人的情况。卸门板，甚至拿出桌椅板凳、箱子柜子，协助我军加修工事。战斗中帮助我们放哨、带路、抬担架、送弹药。二乡五里的群众，用小推车送猪肉、贴饼子、煮红薯，人民群众不惜一切代价地支援我军作战，更激励了我军杀敌的斗志。许多群众都以亲自到前线送慰问品、抬担架为无上光荣，甚至百里以外村庄的群众，也纷纷赶来支前。他们知道一二〇师南方人多，爱吃鱼，就在白洋淀上捕捞鱼虾，一担一担送到部队。白求恩医疗队门前，老乡们人来人往，络绎不绝，女的挎着篮子，给伤员送吃的，男的扛着担架，把伤员接回家中养伤。我们连续追击、包围敌人时，伤员就托付在群众家中，他们掩护、喂水、喂饭、接大小便，就像对待自己的亲人一样精心照顾。这许多激动人心的情景，至今想起来犹历历在目。

齐会战斗的三天三夜，在吉田大队的历史上是没有过的。胸前挂着“勋章”显赫一时的精锐之旅，东撞西撞，始终未能逃出贺龙师长布下的天罗地网。吉田大队基本上全军覆没，吉田本人不久也被解职调回日本。这一仗，打出了八路军的威风，沉重打击了敌人的疯狂气焰。一二〇师威名远扬，人民群众传颂“八路军是神兵，贺龙是活龙”。中共中央发来贺电，党中央机关报发表社论，对齐会大捷给予表彰，冀中人民更是兴高采烈，奔走相告，传颂胜利的喜讯。蒋介石、程潜等也致电嘉勉。齐会大捷锻炼了部队的战斗力，鼓舞了人民群众的抗战热情，更坚定了广大爱国军民抗战必胜的信心。

（本文作于1987年，由八路军太行山纪念馆供稿）

吕梁三捷

文/杨　勇

长征中的杨勇

1938年，在日军大举向武汉、广州进逼的同时，华北方面的敌人也遣兵调将，试图一路由山西风陵渡南下直取西安，一路由山西军渡至陕西吴堡一线西渡黄河进攻延安，妄想实现其侵占我大西北的罪恶计划。

北路敌人的先头部队已侵占了军渡—碛口一线。指挥此次行动的敌一〇八旅团旅团长山口少将，已亲率其指挥机关进驻离石。同时，敌人在汾阳城内集中了大批弹药、粮秣和渡河器材等物资，随时准备起运。看来敌人就要开始行动了。

当时，我们一一五师三四三旅，在陈光、罗荣桓同志率领下，正活跃在吕梁山区。总部指示我们：坚决拖住敌人，保卫延安，巩固晋西北根据地。

按照任务区分，我们六八六团随即进至汾（阳）离（石）公路东段，伺机打击敌人。连日来，隆隆的炮声频频自西北传来，军渡、碛口的敌人正与我守卫河防的部队隔河炮战，汾离公路上，整日烟尘滚滚，日军的运输车辆嘟嘟地号叫着，来往不断。我部战士们个个摩拳擦掌，把“保卫延安！保卫党中央”和“不许鬼子渡黄河”的口号喊得震天响。一些干部急切地要求快下手。但是，怎样下手呢？曾吃过我军游击战不少苦头的敌人，这次表现得特别小心和狡猾，行动前就在公路两侧到处设据点、筑碉堡，而在运输时，又前有尖兵开道，后有部队掩护，使我军难有可乘之机。

一天，我带着各营的干部又出去观察地形。天刚刚亮，我们便登上了薛公岭，隐蔽在半人高的蒿丛中向公路瞭望。只见薛公岭四周峰峦重叠，沟壑交错，汾离公路顺着山势，由东蜿蜒而来。公路在薛公岭下爬过一段陡坡之后，便进入凹地。凹地一带并排平列着四条山沟，每条沟里都长满了齐腰深的茅草和杂乱的灌木。我们正看得出神，一个跑得气喘吁吁的侦察员送来师部的紧急命令：敌人二十辆满载弹药和渡河器材的汽车，将在两天后从汾阳起运，上级要我们相机截击。大家知道了这个情况，指着那段凹地异口同声地说：“团长，这儿就是个好战场，就在这儿干吧。”

同志们一个个劲头都挺大，唯有刘善福坐在一旁没有搭腔。他是我们派出的侦察队队长，一个多星期前就来到了薛公岭，情况最熟，为什么他不说话呢？“刘善福，你看怎么样？”我指名问他。

“好是好，就是那个碉堡讨厌。”他

1937年，八路军一一五师三四三旅六八六团副团长杨勇

1951 年 10 月，杨勇（左起）、张爱萍、王平、叶飞在朝鲜战地

1947 年，冀鲁豫野战军第一纵队司令员杨勇（左三）和纵队领导

缴获的“白虎团”团旗等物品

指着对面一个山包上的碉堡给我看。原来敌人对这段凹地也十分警惕，在对面的制高点上专门修了一座高大的碉堡。每当敌人运输车队到来时，总是先派巡逻队搜索一下山沟，然后控制碉堡，掩护汽车通过。如此说来，这倒真是个十分讨厌的事！

怎么办呢？大家围绕这个问题议论了起来。有人说干脆提前拔掉碉堡，但很快就被大家否定了，因为那样会打草惊蛇。又有人提议，在沟里埋伏部队的同时，也在碉堡后边的山坳里埋伏一个排，打碉堡和打汽车一齐开始，让敌人两头招架，不能相互支援。这样做一般是有把握的，只是地形对我军不利，打起仗来伤亡怕不会小。尤其讨厌的是，碉堡背后的山凹不大，一排人隐蔽起来很容易暴露。讨论来讨论去仍没个结果。这时，一直低着头在一块石头上画来画去的迫击炮连连长吴嘉德同志，蛮有把握地冲着我说："这个任务交给我们吧！保证三炮消灭碉堡。"原来他已经在那里做了观察和计算。

问题就这样解决了，大家都很高兴。

9月14日清晨，浓雾渐渐散去，金黄色的朝霞映照着群峰，吕梁山显得分外雄伟。我和政治处主任曾思玉同志站在薛公岭南山一棵高大的核桃树下，用望远镜观察。只见山下的公路静静地躺在那里，公路两旁，漫山满沟的蒿草，随着晨风摆动，山谷的早晨是如此宁静。我深深地吸了一口气，驱走了连夜行军带给我的疲劳。曾思玉同志打破沉寂，笑着说："战士们隐蔽得很好，这才叫磨道里等驴——没跑！"

7点多钟，活动在汾阳城附近的侦察员通过各村情报站送来了情报：敌人的汽车已经出城了。

两小时之后，汽车队到达了薛公岭前不远的王家池，在那里加了水，添了油，半小时后才又上路。据守王家池的敌人派出了一队巡逻兵在前边开道，掩护汽车通过薛公岭。行至东山脚下，汽车都暂时灭了火，巡逻队继续搜索。我们正在山上仔细观察，忽然看见薛公岭东山顶上露出了钢盔和刺刀的白光。敌人持枪哈腰，成战斗队形沿公路缓缓前进，还煞有其事地走走、停停，停停、打打。待进至四条山沟附近时，一面虚张声势地咋呼着，一边用机枪、步枪四处盲目射击。也许因为他们近日来一直未在此地发现过什么情况的缘故吧，很快搜索完毕后，便稀稀拉拉地朝碉堡走去。一边走，一边还哇啦哇啦地扯起嗓门唱歌。叭叭两发信号弹升上天空，这是敌人向隔山等候的汽车队宣布：已经没有问题，可以通过了。

轰轰隆隆的马达声由远而近，转眼间满载着敌兵和军用物资的二十辆汽车，便一辆接一辆地开了过来，进入我们的伏击圈。

我向炮兵连长吴嘉德发出的开炮口令刚一脱口，只听轰的一声，第一发炮弹已炸了。不偏不歪，恰好落在那个碉堡跟前。曾思玉同志禁不住说："好！打得好！"紧接着又是两炮，也打中了，那个大碉堡里边的敌人差不多一起报销了。随着第一发炮弹的爆炸声，战士们端着枪，挺着刺刀，神兵天降似的从几条山沟里冲了出来。没等押车的敌人弄清是怎么回事，成排的手榴弹就摔上了汽车，战斗一开始就在短距离内白热化了。

狭窄的路面上，着了火的汽车呜呜

地挣扎着、相互碰撞着。车上的敌兵，有的跳下车与我军搏斗，有的趴在车厢里射击。他们还企图顽抗，但这已经无济于事。战斗不到一小时，两百多敌人除三名投降外，全部被歼灭了。王家池据点的敌人虽近在咫尺，但一时还糊里糊涂，摸不着头脑。他们打电话向汾阳报告，但发现电话线早已被截断。只好架起钢炮向薛公岭的群山盲目轰击，一直打到半夜。

第二天，驻汾阳的敌人才出动了一个联队，外加上千伪军，到薛公岭拉走了五车敌人的尸体。

汾离公路上，一连几天不见敌人的汽车，远在黄河边上的敌人，因为得不到后方支援，粮秣和弹药都短缺了。他们出来抢粮，又到处遭受游击队的袭击。末了，敌军少将只好命令部下杀马吃肉，固守待援。

敌人是不到黄河心不死，不久又开始了运输。不过，敌人很刁，16日先以百多人分乘几辆汽车，押送一车粮食试探前运。我们根据师部的指示，就先给他个甜头，把这一车粮食送了“人情”。

第二天，敌人果然胆大起来，又出动汽车十八辆，满载通讯、渡河器材从汾阳西进。当天下着大雨，一百多辆押车的敌人，个个被浇得像落水鸡。汽车在坎坷的公路上整整颠簸了一天，好不容易通过王家池，爬过薛公岭，眼看走过了三分之二的路程，不料却在油房坪一带较平坦的地方遭到了我们补充团的伏击。补充团在彭雄团长指挥下，冒着滂沱大雨，把敌人挡在公路的拐弯处，经过了激烈的战斗，全部歼灭了敌人，缴获了许多通信器材。

敌人连续被歼三百余名，一〇八旅团原有的运输汽车被毁掉了近五分之三，这个打击动摇了日军西渡黄河的决心。就在这时，师部又命令我们：敌人有撤退迹象，要不顾疲劳，迅速准备再战。

为了狠狠地教训敌人，师部把六八五团二营和师部特务连临时配给了我们。同志们高兴地说：“这下更有办法了！”

敌人已是惊弓之鸟，估计在撤退途中会更加小心。我们讨论的对付办法是钻到王家池据点去干！

王家池一带山大路窄，过去我们曾多次在那里设伏。敌人就是因为在那里吃过亏，才特地在那里安了个据点。到敌人据点跟前设伏，困难虽然很多，但大家信心十足，越是这种大胆的行为，越会出敌不意。不入虎穴，焉得虎子，经过研究，便决定去冒一冒风险！

9月20日午夜，我各部队分路悄悄摸到了王家池附近，迅速进入指定位置，隐蔽起来。

次日9时许，敌人垂头丧气地由离石出发向汾阳撤退。沿途我兄弟部队不断袭扰敌人，但敌人在山口的“不得恋战，飞速前进”的命令下，只顾招架，并不还手，仓皇地沿公路败退下来。

我们埋伏在王家池周围的部队，在“恭候”山口的半天里，忍着饥饿、风吹日晒，谁都一动不动。盼到太阳快要当头的时候，敌人的骑兵在公路上出现了。紧接着，辎重、炮车、步兵，前拥后挤、吵吵嚷嚷地来到了王家池山谷。敌人在村里没有停留。他们刚走出王家池，我二营便首先发起了战斗，各营紧跟着也发起了冲锋。一霎时，冲锋号声、呐喊声震荡着山谷，我们的战士从各个山沟，各个角落，或从敌人碉堡旁，或从王家池寨子里，一齐杀了出来，像洪水暴发一般压向敌人。

我团二营拦腰冲进敌人行列，把敌人的指挥机关给冲乱了。大洋马惊恐地乱蹦乱跑，等我们一匹匹截获时，有的马身上还拖着日军的尸体。

师特务连和一营、三营也抓住敌人，猛烈冲杀。特务连是战斗力很强的一个连队，全部是日式装备。敌人后卫部队，在该连的射杀下，伤亡不下三百余人。我们把敌人切成了几段，并抓住它的指挥机关死死不放。头尾两段敌人拼命反扑，想给它的指挥机关解围。在这紧要关头，六八五团二营由中间出击，补充团二营断敌退路，很快便把敌人一段段地吃掉了。

三次大捷歼敌一千余人（俘十九人），毁、缴汽车三十余辆，战马一百余匹，各种枪五百六十余支。这一胜利震动了汾阳、太原的敌人，汾阳城四门紧闭，城内烟雾弥漫，臭气冲天，接连几天敌人都在焚烧尸体，最后还开了个“慰悼会”，兔死狐悲地在灵前痛哭流涕。

差不多在敌人开“慰悼会”的同时，我们在吕梁山区召开了一个盛大的祝捷大会。就在开会的那一天，忽然收到了日军驻汾阳司令官给我们写的一份挑战书。据送信人说，挑战书是汾阳敌人在“慰悼会”由全体到会军官通过，并且扣押了送信人的全家，逼他专程送来的。挑战书里说我们打埋伏的战法太不光明正大，并约我军和他们“在兑九峪决一雌雄”。看来，敌人对我们的游击战术感到头痛了。打仗，就是要“以己之长，攻敌之短”，对这个愚蠢的挑战，我们只是一笑置之。

没过几天，敌人当真调集了许多人马进驻兑九峪，等我军来决一死战，还冲着吕梁山用炮猛轰了一阵。但日军哪里知道，等着他们的不是什么兑九峪的决斗，而是在整个吕梁山区更为广泛炽热的游击战争！

（本文由八路军太行山纪念馆供稿）